꼬불꼬불나라의
동물권리이야기

에듀텔링 010

꼬불꼬불나라의 동물권리이야기

초판 1쇄 발행 | 2019년 10월 7일
초판 13쇄 발행 | 2022년 4월 20일

지은이 | 서해경
그린이 | 김용길
펴낸이 | 나힘찬

책임편집 | 김영주
책임디자인 | 고문화
사진출처 | 게티이미지뱅크, 농림축산식품부, 도봉소방서, 위키백과, 클립아트코리아
인쇄총괄 | 야진북스
유통총괄 | 북패스

펴낸 곳 | 풀빛미디어
등록 | 1998년 1월 12일 제2015-000135호
주소 | (10411) 경기도 고양시 일산동구 정발산로 166번길 21-9
전화 | 031-903-0210
팩스 | 02-6455-2026
이메일 | sightman@naver.com

유튜브 | bit.ly/39lmTLT
블로그 | blog.naver.com/pulbitme
인스타그램 | @pulbitmedia_books
페이스북 | www.facebook.com/pulbitmedia

ISBN 978-89-6734-104-6 74300
ISBN 978-89-88135-74-7 (세트)

• 이 도서는 한국출판문화산업진흥원의 '2019년 출판콘텐츠 창작 지원 사업'의 일환으로 국민체육진흥기금을 지원받아 제작되었습니다.

• 책값은 뒤표지에 있습니다.
• 파본은 구매하신 서점에서 바꾸어 드립니다.
• 저작권법에 따라 보호받는 저작물이므로 무단 전재와 복제를 금합니다.

어린이제품 안전특별법에 의한 기타표시사항				
제품명 도서	제조자명 풀빛미디어	제조국명 한국	제조년월 2022년 4월	사용연령 8세 이상
주소 (10411) 경기도 고양시 일산동구 정발산로 166번길 21-9			전화번호 (031) 903-0210	

에듀텔링 이야

꼬불꼬불나라의
동물권리이야기

서해경 글 | 김용길 그림

풀빛미디어
Pulbit media

머리말

어느 먼 곳에 꼬불꼬불나라가 있어요. 팔자수염을 멋있게 기른 수염왕이 다스리던 나라예요. 그런데 수염왕은 제멋대로 나라를 다스리다, 국민에게 쫓겨나고 말았어요. 그 뒤, 수염왕은 많은 일을 겪었어요. 꼬불꼬불면을 만들어 팔아서 아주 큰 부자가 되고, 여러 장소, 기후, 시간을 여행하며 다양한 경험을 하고 사람을 만났어요.

하지만 수염왕은 늘 새로운 도전을 하죠. 이번엔 새로운 사업을 준비해요. 바로 반려동물 사업이에요. 사실 수염왕에게도 세바스찬이란 반려견이 있어요. 세바스찬은 수염왕이 가장 힘들었을 때 도와준 고마운 개예요. 유일한 가족이기도 하죠.

그런데 반려동물 사업을 준비할수록 수염왕은 반려동물의 고통을 알게 돼요. 귀한 생명이 있는 반려동물을, 유행에 따라 공장

에서 물건을 찍듯 마구 번식시켜 만들어요. 그래서 태어날 때부터 기형이거나 질병을 타고난 개가 많아요. 또 유행이 지났다고 버려지는 반려동물도 많죠.

아무리 돈을 좋아하는 수염왕이지만, 세바스찬을 생각하면 도저히 반려동물 사업을 할 수가 없었어요. 하지만 욕심 많고 잘난 척하기 좋아하는 수염왕은 동물 사업을 포기하지 않아요. 그래서 목축업을 하려고 하죠. 과연 수염왕의 동물 사업은 성공할까요? 그럴 리 없죠. 늘 그렇듯 엉뚱한 사건들이 수염왕을 기다리고 있답니다. 이번엔 수염왕의 눈물을 쏟아지게 만든 슬픈 사건도 있죠.

인기 많은 반려견 중에 몰티즈, 골든래트리버가 있어요. 몰티즈는 슬개골에 이상이 있는 개가 아주 많아요. 골든래트리버도 엉덩이와 뒷다리가 연결되는 부위에 문제가 있어서 다리를 저는 개가 많죠. 잘 팔리니 마구 교배를 시켜서 강아지를 낳게 해요. 장애가 있는 개는 같은 장애가 있는 강아지를 낳을 확률이 높아요.

또 한국 사람들은 유독 순종 개를 좋아한다죠. 그래서 근친교배를 시켜서 강아지를 낳는 경우가 있어요, 근친교배를 해도 장애가 있는 강아지가 태어날 확률이 높고 수명도 짧아져요.

닭, 돼지, 소 등의 가축도 더 적은 비용을 들여서 더 많이 돈을 벌려다 보니, 비참한 환경에서 키우는 사례가 많아요.

그런데 말이에요. 반려동물이든 가축이든, 야생의 동물이든 동물에게도 권리가 있어요. 누군가는 말할 거예요. 동물을 먹으면서 동물의 권리를 말하는 건 웃긴 일이라고요. 고통받는 사람도 많은데 동물 따위의 권리를 지킬 여유가 없다고 말할 수도 있죠. 그

말들이 맞을까요?

여러분의 생각은 어떤가요? 『꼬불꼬불나라의 동물권리 이야기』를 읽으며 함께 생각해 봐요. '동물에게도 권리가 있을까? 사람이 동물을 보호해야 할까? 동물을 보호하려면 어떻게 해야 할까?'를 말이에요.

서해경

목차

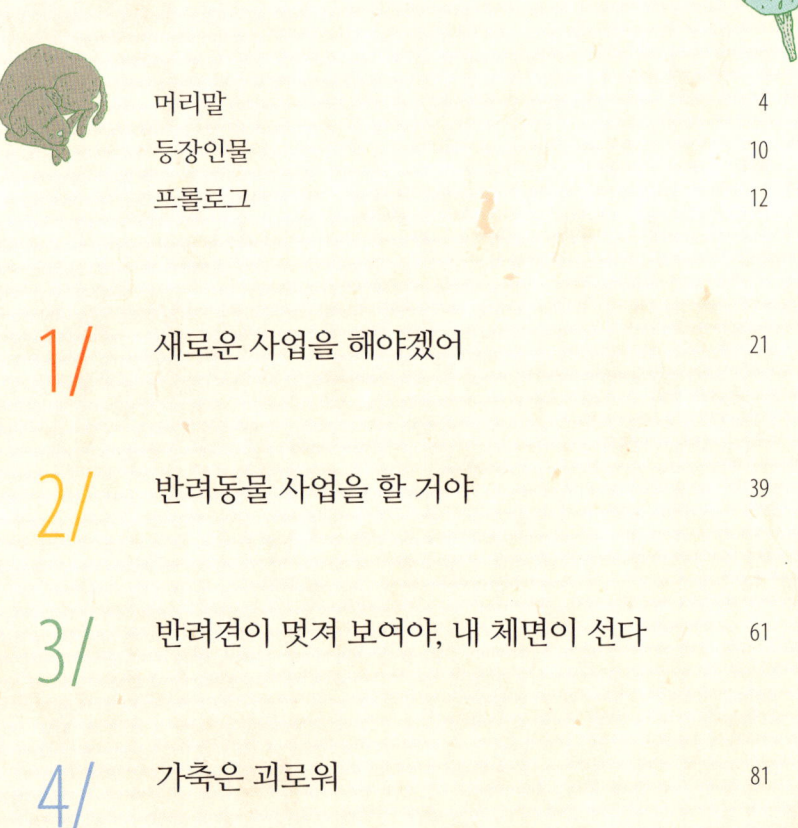

머리말	4
등장인물	10
프롤로그	12

1/ 새로운 사업을 해야겠어   21

2/ 반려동물 사업을 할 거야   39

3/ 반려견이 멋져 보여야, 내 체면이 선다   61

4/ 가축은 괴로워   81

5/	오직 나만을 위한 동물원	103
6/	동물도 감정이 있나?	123
7/	세바스찬, 세바스찬!	141
8/	유기 동물 보호소가 뭐 하는 곳이야?	163
9/	멸종 위기 동물을 보호하는 게 죄냐?	183

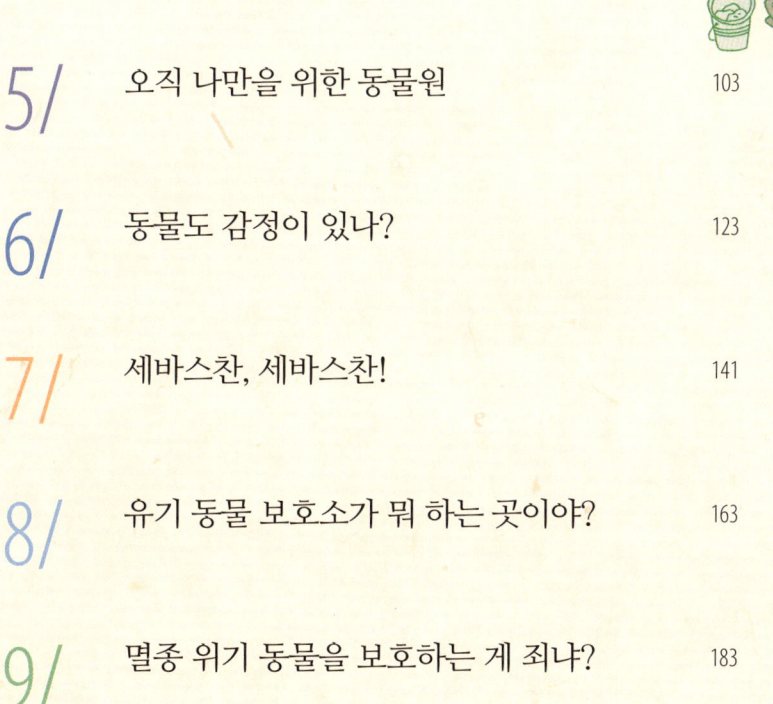

등장인물

꼬불꼬불나라

✳ 먼 옛날, 또는 가까운 옛날에 있었던 어느 나라. 수염왕은 이 나라의 왕이었다. 국민이 수염왕을 내쫓고 이 나라에 큰 변화가 닥쳐온다.

수염왕

✳ 자유 민주주의를 원하는 국민에게 쫓겨난 뒤, 왕수염회사를 세우고 크게 성공한 사업가가 된다. 심술과 욕심, 호기심이 가득해서, 늘 사건과 사고를 몰고 다닌다. 이번에는 동물 사업을 준비하며 많은 것을 배우고 눈물도 많이 흘린다.

세바스챤

✳ 수염왕이 황금성에서 쫓겨나 도망 다닐 때 만난 늙고 초라한 유기견이다. 수염왕이 왕수염회사를 세우는 데 결정적인 도움을 준다. 그 인연으로 수염왕의 반려견이 되고 유일한 가족이 된다.

옆집 아줌마

✢ 수염왕의 옆집에 사는 반려인. 슬그머니나라 도그 챔피언인 불도그를 키우는 자부심이 대단하다. 반려동물을 이용해서 자신의 허영심을 채우는 것 같지만, 동물에 대한 애정도 크다.

성실해 양

✢ 수염왕의 비서. 왕수염회사의 첫 직원이기도 하다. 그만큼 고집쟁이 수염왕을 잘 이해하고 곁에서 도우려고 한다. 늘 구박하지만, 사실 수염왕도 성실해를 아낀다.

김진욱

✢ 할아버지에게 물려받은 앵무새와 거북을 키우는 묘한 사내아이. 동물에 대해 많이 알고 있다. 어디선가 불쑥 나타나 수염왕을 돕기도 하고, 수염왕을 성가시게도 한다.

일잘해 부장

✢ 왕수염 회사의 부장. 수염왕에게 늘 솔직하게 자신의 의견을 말해서 수염왕을 화나게 한다. 하지만 일을 잘하고 옳은 말만 해서 수염왕도 일잘해 부장을 자를 수가 없다.

프롤로그

"개판이군."

수염왕이 점심을 먹은 뒤, 세바스찬과 함께 집 근처 공원에 산책 나왔어. 공원에는 반려견을 데리고 나온 사람이 아주 많았어. 수염왕과 세바스찬은 공원 가장자리를 빙 둘러 만든 산책로를 따라 걸었어. 이미 알고 있겠지만, 수염왕은 꼬불꼬불나라의 왕이었다가, 자유 민주주의 국가를 원하는 국민에게 쫓겨났어. 그 뒤, 수염왕은 왕족만 먹었던 '왕의 국수'를 꼬불꼬불면으로 개발해서 팔았어. 덕분에 꼬불꼬불나라에서 가장 큰 식품회사 사장이 되었지.

세바스찬이 눈앞에서 팔랑거리는 흰나비를 쫓아가느라 수염왕을 끌어당겼어. 하지만 흰나비는 눈처럼 떨어지는 벚꽃잎에 섞여 사라져 버렸어.

"다음부터는 벚꽃잎이랑 구분되는 호랑나비를 쫓거라."

수염왕이 어리둥절해하는 세바스찬에게 말했어.

수염왕과 세바스찬은 다시 산책로를 걸었어. 붕붕. 요란한 소리를 내며 꿀벌들이 꽃꿀을 빨았어. 세바스찬은 꼬리를 살랑살랑 흔들며, 이 꽃에 킁, 저 꽃에도 킁, 냄새를 맡았어. 이 나무, 저 나무, 요 바위, 조 바위에 찍, 소변으로 흔적도 남겼지. 세바스찬은 매일 산책을 나오지만, 항상 신이 났어.

수염왕이 리드줄을 늘려서 세바스찬이 더 자유롭게 움직이게 해 줬어.

수염왕이 묵직한 세바스찬의 똥을 검은 봉지에 주워 담았어. 똥 봉지를 화장실 옆 쓰레기통에 버리려고, 몸을 돌리려는 순간 몸이 휙 앞으로 쏠렸어.

"엑?"

개가 열한 살이면, 사람의 나이로는 노인이지만 세바스찬은 덩치에 맞게 기운이 넘쳤어. 세바스찬이 달리자, 수염왕이 쓰레기통에서 점점 멀어졌어. 수염왕이 똥 봉투를 휙 던졌어. 똥 봉투는 멋진 포물선을 그리며 쓰레기통에 쏙 들어갔지.

"아자!"

수염왕이 주먹을 휘두르며 환호성을 질렀어.

"어머, 어머, 어머. 이 더럽고 추한 개가 감히!"

날카로운 소리가 수염왕의 흥을 깼어. 뒤돌아보니, 호피 무늬 양산을 든 아주머니가 리드줄을 잡은 채 인상을 쓰고 있었어. 세바스찬은 아주머니 옆에 선 불도그의 엉덩이 냄새를 맡고 있었어. 불도그는 주저앉듯 엉덩이를 가리다가, 아주머니 뒤로 숨었어.

"세바스찬!"

수염왕은 살짝 민망해서, 세바스찬의 리드줄을 잡아당겼어. 하지만 세바스찬은 폴짝 뛰어올라 불도그의 가슴에 콩 부딪혔다가 다시 뒤로 물러나며 엎드렸어. 같이 놀자고 장난을 거는 행동이야.

"이 믹스견이 정말!"

아주머니는 들고 있던 양산으로 세바스찬을 밀어냈어.

"저리 가. 저리 가! 어딜 감히!"

끼잉~ 하는 소리를 내며, 세바스찬이 고개를 푹 숙인 채 뒤로 물러났어. 그리고는 수염왕을 힐끗 올려다봤어. '나, 안 도와줄 거야?'라는 표정이었지. 수염왕은 슬금슬금 화가 치밀었어.

"아, 좀, 마! 개가 그럴 수도 있지, 그렇다고 그 뾰족한 양산으로 쿡 찔러요?"

일단 화를 내니, 점점 더 화가 났어.

"뭐예요? 개만 예의가 없는 게 아니네. 이러니 개를 보면, 그 주인이 어떤 사람인지 단번에 알 수 있다니까. 할아버지네 개가 우리 샤밍에게 마구 들이대잖아요. 우리 샤밍은 족보 있는 개예요. 족보도 없고 싼 믹스견 따위가……. 아휴, 관둬요."

"하, 할아버지……? 그리고 족, 보, 없, 는……? 싸구려……?"

또르르 말린 팔자수염 옆의 콧구멍에서 맹렬하게 콧김이 뿜어져 나왔어. 얼굴이 붉어졌지. 감히 이 나라의 왕이었던 나, 수염왕에게 족보가 없다니……. 아주머니는 세바스찬에 대해 말한 거지만, 이미 화가 난 수염왕에겐 그런 사실은 중요하지 않았어. 수염왕은 목덜미를 잡고 쓰러졌다가, 냉수를 뒤집어쓰고 다시 정신을 차리려다 말고 다시 쓰러질 만큼 기가 막히고 콧구멍까지 막혔어.

"내 세바스찬이 어디가 어때서!"

수염왕이 소리를 질렀어.

사실 슬쩍 보기에도 눈곱이 끼고, 피부병으로 듬성듬성 털이 빠진 붉은 속살을 뒷발로 북북 긁고 있는 세바스찬이랑, 반질반질하게 윤기나는 털, 자신만만하게 머리를 곧추세운 샤밍은 살짝 안 어울리는 것도 같았지……만 말이야.

"우리 샤밍은 슬그머니나라의 도그 챔피언이에요."

'슬그머니'란 이름을 듣자, 수염왕은 이젠 정말, 화가 폭발했어. 『꼬불꼬불나라의 정치이야기』에서 슬그머니나라의 왕이 수염왕을 무시했던 거 기억나지?

"그 코납작이가 챔피언은 무슨……. 하도 코가 납작해서 숨도 제대로 못 쉬는구먼. 어이구, 콧구멍에 날파리가 슝 들어가겠네."

"어머, 어머! 이 할아버지가 정말. 어휴 너도 믹스견이지만, 이런 무식하고 성질 고약한 주인이랑 사느라 힘들겠다. 가자, 샤밍."

아주머니는 방방 뛰는 수염왕을 두고, 뒤도 돌아보지 않고 가 버렸어. 그 와중에도 세바스찬은 샤밍을 쫓아가려고 낑낑거렸어.

"믹스견이면 어때요. 오히려 믹스견이 더 건강하대요."

"뭐?"

수염왕은 매우 화난 상태라는 것도 잊고, 멍한 표정으로 뒤돌아봤어. 슈퍼맨 망토를 걸친 남자아이가 수염왕은 빤히 보며 웃고 있었어. 곁에는 엄청 큰 앵무가 눈을 가늘게 뜨고, 고개를 좌우로 흔들며 세바스찬을 유심히 살폈어.

"뭐라고? 아니, 그게 아니라, 넌 누구냐? 그런 옷을 입고도 창피하지 않니? 그런 옷은 유치원생이나 입는 거야."

"아뇨!"

아이는 단호했어.

"우리 아빠도 슈퍼맨 망토랑 티셔츠를 입어요. 외삼촌은 스파이더맨, 헐크, 토르, 건담 피겨를 모으고요. 아저씨도 『지구를 지키는 최고의 영웅』을 봤잖아요. 제가 극장에서 아저씨를 딱, 봤죠."

'윽, 이 녀석도 지금까지 만났던 모든 아이처럼 기억력 좋고 똑똑하고, 무엇보다 어른에게 또박또박 말대꾸하는 녀석이군.'

수염왕이 고개를 저었어. 요즘 애들은 왜 이렇게 똘똘할까?

"너, 이름이 뭐냐?"

수염왕이 물었어.

"욱, 욱!"

앵무가 오른쪽, 왼쪽 다리를 번갈아들어 몸을 까딱였어.

"너 말고, 네 주인 말이야."

"제가 욱이에요, 김진욱. 이 녀석은 알록이고요. 할아버지가 결혼 선물로 받은 앵무라는데, 45살이래요. 아, 저는 바빠서 가 봐야겠어요. 거북 도령을 목욕시켜야 하거든요."

진욱이는 왔을 때처럼, 휭~ 사라졌어.

수염왕은 세바스찬과 다시 공원을 산책했어. 믹스견이라 무시를 당했건 말건, 세바스찬은 신이 나서 산책로를 달렸어.

1
새로운 사업을 해야겠어

"개 팔자가 상팔자라더니, 내가 주인인지 네가 주인인지 모르겠구나."

말은 이렇게 하면서도, 수염왕은 세바스찬의 다리를 조물조물 꼼꼼하게 마사지해 줬어.

"대체 어떤 못된 녀석이 너처럼 순둥이를 때렸단 말이냐."

수염왕이 세바스찬의 다리에 난 흉터를 쓰다듬었어. 세바스찬이 유기견으로 떠돌 때, 밭에서 고구마를 캐 먹었어. 화난 농부가 호미를 휘둘러서 큰 상처가 났지. 하지만 지금은 수염왕 반려견이 되어, 행복하게 살아. 수염왕이 마사지해 주자, 세바스찬은 검은 눈자위가 슬슬 위로 올라가고, 눈꺼풀이 스르륵 내려왔어.

"심심한데, 뭐 취미로 배울 만한 게 없을까? '취미 추천'을 검색해 볼까."

세바스찬 머리 아래에 쿠션을 대 주고, 수염왕은 인터넷에서 '취미 추천'을 검색했어.

　취미 기타, 취미 요리, 취미 댄스 등등이 주룩, 검색되어 나왔어.

　"기타? 기타를 잘 치면 멋져 보이기는 하지. 엥? 뭐야? 기타 줄이 쇠줄이야? 정말 돌았군. 내 보드랍고 연약한 손가락으로 쇠줄을 튕기라니……. 싫어, 피 나!"

　수염왕은 이번엔 '취미 요리'를 클릭했어.

　"음, 요리는 내가 배울 필요가 없겠어. 내가 다 할 줄 아는 요리잖아. 그럼 댄스를 배울까? 아차, 난 몸치지? 댄스 짝꿍의 발을 엄청 많이 밟았지. 그러고 보니, 할 게 없네."

　수염왕은 한숨을 푹 쉬고, 소파에서 일어났어. 심심하긴 한데, 딱히 하고 싶은 일도 생각나지 않았어. 그래서 집 안을 빙글빙글 돌았어. 침실에 들어가서 풀썩, 침대에 몸을 던졌다가 다시 벌떡 일어나서, 화장실에 갔어. 볼일을 보고, 손을 씻고, 거울에 튄 물방울을 말끔하게 닦았지.

　이번엔 서재에 들어가 책상에 쌓인 먼지를 수건으로 닦았어. 책장에는 책 대신 수염을 기른 세계의 위인 사진이 가득했어.

　한 번도 사용한 적 없는 손님방에도 들어가 형광등 스위치를

켰다 끄기를 반복했어.

"이상 없군."

수염왕이 고개를 끄덕였어. 두 번째 손님방에는 아직 비닐도 벗기지 않은 전기스탠드를 침대 옆에서 옷장 옆으로 옮겼어. 창고에서는 죽은 나방 2마리를 치우고, 방충망 밖에서 흔들리는 거미줄을 한참이나 구경했어. 그래도 심심했어.

수염왕은 정원으로 나갔어. 넓은 정원을 그늘만 찾아 걸었어. 언제 왔는지 세바스찬이 옆에서 함께 걷고 있었어. 쓱쓱, 수염왕이 세바스찬의 머리를 쓰다듬었지.

갑자기 세바스찬이 후다닥 달려 나갔어. 풀밭에 누운 회색 얼룩 고양이를 발견했거든. 세바스찬이 요란하게 짖으며 달려들었지만, 고양이는 천천히 앞다리를 쭉 뻗어 기지개를 켰어. 그러더니 풀쩍 대추나무로 뛰어올라, 가지를 타고 담 위를 달려갔어. 세바스찬도 담을 따라 달렸어. 하지만 고양이는 세바스찬에겐 눈길 한 번 안 주고, 담 밖으로 뛰어내렸지.

왈왈. 세바스찬은 고양이가 사라진 담을 향해 짖었어. 그러다 고양이를 놓친 게 민망했는지 눈길을 피하며 다시 수염왕 옆으로 돌아왔어.

"괜찮다, 세바스찬. 만약 네가 담을 넘을 수 있으면, 그거야말로 큰일 아니냐?"

수염왕이 세바스찬을 위로했어.

그때 대문 사이로 휘리릭, 전단이 떨어졌어. 세바스찬이 달려가 전단을 물어 오려고 했지만, 침만 잔뜩 묻힐 뿐, 납작한 종이를 물기는 쉽지 않았어. 그러고 보니, 우체통에 전단이 가득했어.

수염왕은 전단을 챙겨 들고, 집 안으로 들어갔어. 평소엔 '왜 허락도 안 받고 남의 집에 전단을 넣어서, 쓰레기를 늘리냐.'며 짜증을 냈지만, 오늘은 특별히 더 심심한 날이라 수염왕은 전단을 한 장 한장 넘기며 꼼꼼히 읽었어. 아파트 건설회사, 김밥 전문점, 중국집, 치킨 가게, 학원 전단 등이었어.

"그래, 나처럼 능력 있는 사람이라면, 늘 새롭게 도전해야 해. 새로운 사업을 시작할까?"

수염왕은 아파트 분양 전단을 읽으며, 꿈에 부풀었어.

"건설업을 할까? 101층짜리 아파트 건물을 짓는 거야. 층마다 10호씩 만들면……? 101층×10호=1,010호. 오, 어마어마한 돈을 벌 수 있겠군. 아냐, 그러다 지진에 휘청거리다 건물이 폭삭 무너질 수도 있잖아. 혹시라도 건물을 다 짓고 보니, 엘리베이터를

깜박 있고 설치를 안 했다면 어쩌지? 걸어서 101층까지 올라가야……. 으아! 건설업은 너무 위험해, 포기!"

수염왕은 다음 전단을 펼쳤어.

"오픈 기념, 치킨 1+1 행사? 손해 보는 장사를 왜 하냐?"

수염왕이 전단들을 돌돌 말았어.

"쳇, 아주 재미있고 절대 실패하지도 않을 그런 사업은 없을까? 아, 세바스찬. 벌써 밥 먹을 시간이냐?"

세바스찬이 사료 그릇 앞에서 수염왕을 뚫어지게 보고 있다가 꼬리를 살랑거렸어.

"네 배꼽시계는 아주 정확해서 알람이 필요 없지."

수염왕은 세바스찬에게 쇠고기 통조림과 사료를 섞어 주었어. 비타민, 철분, 칼슘 등의 영양제는 사료 사이에 슬쩍 숨겨 넣었어. 세바스찬은 엉덩이뼈가 약하니까.

수염왕은 황금 대접에 고슬고슬한 밥을 담았어. 고사리, 콩나물, 무생채, 당근, 시금치, 애호박, 숙주나물, 표고버섯, 청포묵, 쇠고기 육회 위에 고추장을 담고, 참기름과 깨소금을 톡톡 뿌렸어.

수염왕이 대접을 들고 소파에 앉아, 리모컨으로 텔레비전을 켰어. 수염왕은 비빔밥을 쓱쓱 비비다가, '반려견과 함께 사는 반려

인 가구가 30퍼센트에 이릅니다.'라는 방송 진행자의 말에 고개를 들었어. 반려견에 대한 방송이었어.

"하긴, 그러니까 공원이 개판이지."

수염왕이 비빔밥을 한입 가득 넣고 중얼거렸어.

"음? 한국 전통 요리라더니, 엄청 맛나네?"

수염왕은 나물 하나하나, 고명 하나하나의 맛을 음미하며 비빔밥을 천천히 씹었어.

방송에서는 '반려 인구가 늘어나 반려동물 산업이 급성장하고 있습니다.'라는 설명과 함께, 애견 가게가 모여 있는 애견 거리와 비싼 가격에 팔리는 다양한 품종의 강아지들, 각종 애견용품이 차례로 소개되었어.

'하지만 반려견의 수가 늘어남에 따라, 문제점도 늘고 있습니다.'

목줄이 풀린 개에게 물렸다는 피해자의 인터뷰를 들으며, 수염왕은 다시 숟가락에 수북하게 비빔밥을 떠서 입에 넣었어. 화면이 바뀌고, 반려견 훈련사의 '반려견이 주인 혹은 다른 사람을 무는 것은 정상적인 상황이 아닙니다. 개 학교에서는 반려견이 사람과 잘 어울려 살기 위한 교육을……'라는 인터뷰가 나왔어.

"나 참, 살다 살다 별 희한한 소리를 다 듣네. 자기들도 학교 가기 싫었을 텐데, 왜 개를 학교에 보내는 거야? 그나저나 개 키우는 데 돈이 많이 들겠어. 애견 호텔, 애견 학교, 애견 미용실, 동물 병원까지 보내려면……, 앗!"

수염왕이 중얼거리다 말고, 벌떡 일어났어. 입에서 밥풀이 튀어나와 사방으로 날아갔어.

"찾았다, 내 새로운 사업거리!"

수염왕은 입에 두 숟가락씩 비빔밥을 욱여넣고, 대충 씹어서 꿀떡 삼켰어. 금방 황금 대접이 비었어. 수염왕은 팔자수염에 대롱거리는 밥풀을 혀로 떼어 먹고 나서, 탁자 위에 놓인 메모지에 '반려견 사업'이라고 적었어.

사자, 얼룩말, 상어 같은 동물은 야생에서 사는데, 개와 소 등은 사람과 살아요. 언제부터 동물이 사람과 함께 살게 되었나요?

어렸을 적부터 내가 볼 수 있는 동물은 몇 종류뿐이었어. 내가 늘 아이스크림을 빼앗겼던 옆집 개, 담 위에서 날 주시하며 야옹거렸던 고양이, 내 발소리에 놀라 날아가는 참새, 내 머리에 똥을 싼 비둘기, 길거리 쓰레기통 뒤로 사라지던 쥐 정도였지.

그중에서 나는 개가 참 신기했어. 다른 동물은 사람과 살지 않는데, 개는 다 사람과 함께 살아. 게다가 개끼리 모여 살지도 않고, 옆집 개보다 함께 사는 사람을 더 좋아하지. 이상하지 않니? 도대체 개는 왜 이러는 걸까?

개는 사람이 길들인 최초의 가축이야. 기원전 1만 2,000년 경의 이스라엘 유적지에서, 강아지를 두 손으로 안고 있는 유골이 발견되었으니, 개와 사람이 함께 살기 시작한 건 훨씬 이전부터겠지. 함께 산 시간이 길어서 다른 동물보다 개가 사람과 더 친한 걸까?

늑대가 개의 조상이라는 것은 유전자 조사로 밝혀졌어. 늑대는 무리

늑대 무리

를 짓고 대장이 있어. 대장 늑대의 지휘에 따라 함께 사냥하지. 이런 야생의 늑대가 어떻게 사람과 살게 되었는지는 알 수 없어. 기록이 없으니까. 하지만 추측은 해볼 수 있지.

약 1만 5,000년 전, 사람은 먹을 것을 찾아 떠돌며 살았어. 큰 육식동물이 사냥해서 먹고 남긴 고기를 주워 먹거나 작은 동물을 사냥했어. 수십 가지의 나무 열매, 나물 등을 따 먹었지. 더 먹을 것을 구할 수 없으면 다른 곳으로 이동했어.

그런데 사람들이 늑대 무리가 자신들 뒤를 따라다니는 걸 알게 된 거야. 늑대는 사람이 먹고 남긴 찌꺼기를 먹으려고 사람 뒤를 따라다닌

거였지.

늑대는 사람에게 도움을 주었어. 그동안 사람들은 불안해서 잠을 제대로 잘 수 없었어. 낮에는 먹을 것을 구하지만, 밤에는 자야 하잖아. 그런데 잠을 자는 동안 맹수가 공격하기라도 하면 큰일이지. 하지만 이젠, 늑대가 사람이 잠을 자는 동안에도 사람 주변에 머물면서, 맹수가 다가오면 크게 짖어서 알려 주는 거야. 사람은 늑대를 믿고 잠을 잘 수 있었어.

아마 가끔은 그런 늑대가 고마워서, 늑대에게 먹을 것을 주기도 했을 거야. 늑대 역시 힘들게 사냥을 하는 것보다는 사람이 주는 것을 먹는 게 더 편했지. 이렇게 사람과 늑대는 서로 도우며 점점 더 가까워졌어.

사람은 지능이 높고 무기를 사용할 수 있어. 늑대는 발이 빠르고 귀가 예민해. 300미터 떨어진 곳에 있는 먹잇감을 냄새로 찾아낼 수도 있지. 사람과 늑대가 함께 사냥하면 더 쉽게 사냥감을 잡을 수 있었고, 잡은 사냥감은 함께 나눠 먹었어.

늑대는 무리의 대장에게 복종한다고 했지? 늑대는 사람과 함께 살면서, 사람을 대장이라 생각하고 복종했어. 물론 늑대라고 다 똑같은 것은 아니어서, 사람에게 반항하는 늑대, 복종하는 늑대, 영리한 늑대, 온순한 늑대 등이 있었어. 사람은 순하고 충성스럽고 영리한 늑대만 골라 개량했어. 이런 늑대들만 계속 골라서 개량해서 만들어진 동물이 바로 개야.

개는 사람의 역사에 큰 영향을 미쳤어. 떠돌며 살던 사람들이 한곳에 정착해서 농사를 짓게 된 데는 개의 역할이 컸다고 해. 개는 사람의 집을 지켜 주고, 가축이 도망가지 못하게 막았어. 또 가축을 노리는 맹수를 몰아냈지. 그동안 사람은 농사를 짓고 다른 일을 할 수 있었어. 개와 함께 사냥하면 더 많은 사냥감을 잡을 수 있고, 남은 동물을 가축으로 키울 수도 있었어. 개를 잡아먹기도 했어.

지능이 높고 복종심이 높은 개는 사람이 훈련하는 것을 잘 배웠어. 사람은 늑대를 개로 개량한 것처럼 개도 용도에 맞게 다양하게 개량시켰어. 현재 약 400여 종의 개가 있다고 해.

사람이 개를 이용만 한 건 아닐 거야. 강아지를 귀여워하고 아껴줬겠지. 같이 사냥할 땐, 동료처럼 느꼈을 거야. 그리고 사람과 개는 함께 산 기간도 아주 길지. 사람이 개를 만져 줄 때, 서로 바라볼 때, 함께 놀고 산책할 때, 사람과 개 모두 옥시토신이 분비된다고 해. 옥시토신은 모성애 호르몬이라고 불리는데, 아기를 사랑하는 엄마에게서 분비되는 호르몬이야. 사람과 개는 오랫동안 서로 의지하고 돕고 살며, 친밀함도 키워 왔던 거지.

 우리 집 반려견 쪼꼬는 사람을 좋아해서, 도둑이 들어와도 반길 거 같아요. 개보다는 호랑이가 집을 더 잘 지키지 않을까요?

사람과 함께 사는 동물을 가축이라고 해. 개, 소, 말, 돼지, 닭, 고양이, 오리, 염소, 양, 낙타, 거위 등이지. 소, 돼지, 닭, 오리 등의 가축은 우리가 먹는 음식(고기, 젖, 달걀)을 주는 가축이야. 소, 양, 염소, 오리 등의 가죽과 털은 옷과 가방, 신발 등을 만드는 데 쓰여. 농사일을 돕는 가축,

얼룩말

사람이 타고 다니는 가축, 짐을 운반하는 가축 등이 있어. 소, 말, 당나귀, 낙타, 코끼리 같은 크고 힘이 센 동물을 이용하지. 가축도 원래는 야생동물이었어. 그런데 어쩌다 몇몇 동물은 가축이 되었을까? 너무 오래전 일이고, 기록이 없으니 다시 추측해 보자.

아주 옛날, 사냥꾼들이 개를 데리고 사냥을 나갔다가 야생 돼지 2마리를 사로잡았어. 1마리는 마을 사람들이 나눠 먹고(개에게도 좀 줬겠지?) 남은 1마리는 나무에 묶어 두었어. 그런데 며칠 뒤에 이 돼지가 새끼를

6마리나 낳은 거야. 사람들은 '앗, 1마리가 7마리가 되는 마술 같은 일이 벌어졌다!'라며 놀랐지. 그리고 곰곰이 생각해 봤어. '동물을 산 채로 잡아서 가둬 두면 새끼를 낳고, 그 새끼들이 자라 또 새끼를 낳고…….' 결국 힘들게 사냥을 나가지 않아도 고기를 먹을 수 있다는 것을 깨달았지. 그 뒤로 동물을 우리에 가두고 키웠어. 개가 그 동물들을 지켰지.

이제 친구의 질문에 답해야겠다. 왜 호랑이는 가축으로 키우지 않았을까? 가축이 된 동물들은 공통점이 있어. 성격이 순하고 인내심이 강하지. 호랑이가 도둑으로부터 집을 잘 지키겠지만, 집주인을 잡아먹는다면 아무 소용이 없잖아.

얼룩말이나 가젤 같은 동물은 성격이 급해서 가둬두면, 자기 성격을 못 참고 죽는다고 해. 어류 중에도 고등어, 갈치 등은 성격이 급해서, 사람에게 잡히자마자 죽는대. 그래서 살아 있는 갈치를 볼 수 없었나 봐.

개뿐 아니라, 가축이 된 동물은 야생의 본능이 점점 사라지고 사람에게 의지하게 되었어. 날카로운 송곳니와 뿔은 점점 작아졌지. 사람이 이용하는 목적에 따라서, 젖소는 젖이 더 많이 나오게, 고기를 먹는 돼지와 닭 등은 더 빨리, 더 크게 자라도록 개량했어. 개와 고양이는 더 귀엽고 다양한 모습으로 개량했어.

농사를 짓고 살면서, 농사를 짓기 좋은 곳에는 사람이 모여 마을이 생겼어. 사람들은 여전히 사냥하고, 산과 들로 열매와 나물 등을 따 먹기도 했지만, 주로 농사를 짓고 가축을 키우며 살았어.

농사를 짓고 가축을 키우자, 먹을 것이 남았어. 내가 농사를 짓지 않아도 옆집 사람이 지은 농작물을 나눠 먹으면 돼. 내가 만든 그릇을 주고 농작물을 받으면 되니까. 다른 직업이 있는 사람이 늘고, 무역하는 사람도 생겼어.

산업이 발달하면서 가축이 돕던 일을 기계가 대신하고, 도시가 생겼어. 자연스럽게 집에서 가축을 키우는 일도 줄어들었지. 그때는 귀족이나 부자만 집에서 애완동물을 키웠어.

그런데 이상하지? 동물이 할 일도 없는데 키웠으니 말이야. 사람들은 동물을 그리워한 것 같아. 사람들은 동물을 보고, 함께 살고 싶어졌어. 하지만 도시에서 키울 만한 동물은 개나 고양이, 새, 관상어 정도였어.

특히 도시에도 도둑은 있으니 집을 지키는 개가 필요했어. 개는 주인에 대한 충성심도 강하지. 그래서 사람들이 개를 많이 키웠어. 그때는 집에서 키우는 동물을 애'완'동물이라 불렀어. 장난감을 '완'구라고도 부르지? 애완동물(愛玩動物)이란 말에는 장난감이라는 뜻이 있어.

최근엔 함께 사는 동물을 애완동물이란 말 대신 '반려동물(伴侶動物)'

이라 불러. 1983년 오스트리아에서 '인간과 애완동물의 관계'라는 주제로 열린 토론에서 애완동물이란 말 대신, 반려동물이라 부르자고 제안했어.

'반려'라는 말은 함께 사는 가족, 친구를 말해. 반려동물은, 함께 사는 가족과 같은 동물이라는 뜻이지. 그리고 반려동물을 '산다'라고 하지 않고, '입양한다'라고 말하지.

수염왕의 동물권리 노트

사람은 오랫동안 야생동물을 가축으로 길들였다.
반려동물은 가족처럼, 사람과 서로 의지하며 함께 사는 동물을 말한다.
(내 세바스찬이 반려동물이지. 누구도 세바스찬만큼 날 사랑할 수 없을걸!)

2 반려동물 사업을 할 거야

"내 말 잘 들어 봐. 내가 새 사업 소재를 찾았어. 짜잔!"

수염왕이 왕수염 회사 임원 회의에서, 어제 본 반려동물에 관한 텔레비전 방송을 소개했어.

"이제 새로운 사업을 할 때야. 애완동물 사업, 어때?"

"'애완동물'이 아니라 '반려동물'입니다."

일잘해 부장이 말했어.

수염왕이 일잘해 부장을 노려봤어. '또, 또, 또 사소한 거로 트집이야. 일 부장은 내 눈치를 너무 안 봐! 일만 좀 못하면 바로 잘라 버릴 텐데…….'라고 생각했지.

수염왕이 임원들을 둘러보며 탁자를 두드렸어.

"돈을 벌 소재와 기회가 있는데도, 사업을 안 하는 건 죄야! 왜냐? 사업을 하면 일자리가 늘고, 돈을 벌어 나라에 세금을 내지.

즉, 사업은 애민+애국이야, 오케이?"

"오케이!"

태평해 부장이 엄지, 검지로 동그라미를 만들어 보였어.

"흠흠. 내가 생각해 보니까, 사람이랑 동물이 비슷해."

"사장님 말씀에 완전히 동의합니다. 동물도 권리가 있죠."

"또, 또, 또……! 자네는 당장, 남극으로 출장 가 버려! 꼬불꼬불면 1만 상자를 팔 때까지 돌아올 생각도 하지 마!"

결국 수염왕이 일잘해 부장에게 소리를 질렀어.

"사장님, 일 부장을 용서하십시오. 남극에 갈 차비는 엄청 비쌉니다."

오꼼꼼 이사가 수염왕을 말렸어.

"아, 차비가 비싸겠구나. 그럼 용서하지."

수염왕은 다시 반려동물 사업을 설명했어. 사람처럼 동물도 입고, 먹고, 자고, 병원에 가고, 예쁘게 꾸민다는 거였지.

"이게 다 돈이야, 돈! 사람들이 제일 많이 키우는 동물이 개니까, 일단 개를 팔자고. 자, 들어 봐. 개 1마리가 강아지 6마리를 낳고, 또 그 6마리가 각각 6마리를 낳고, 또 각각 6마리를 낳는 거야. 6×6×6×……마리=무한대야. 이 강아지들을 팔면 엄청나게

41

돈을 벌겠지? 크크크큭."

"동물 사업을 하시려면, 동물의 5대 자유를 기준으로, 동물복지를 지켜야 합니다."

"뭐, 동물의 5대 자유라고? 나야말로, 자네를 자를 자유가 있어! 그러니 쓸데없는 소리는 그만해!"

"꼭 반려동물 사업을 하고 싶으시면, '복지' 사업을 하시죠. 왕수염 회사가 성공한 것도 국민의 사랑 덕분이니, 그 사랑에 보답할 사회사업이 좋겠습니다."

"사회사업도 돈을 버는 거야?"

일잘해 부장은 고개를 저으며 답했어.

"돈을 쓰는 거죠."

"뭐? 자네 제정신이야?"

수염왕의 팔자수염 끝이 흔들렸어. 돈을 벌어야 사업이지, 돈을 쓰는 사업이 어디 있냔 말이야.

"나가! 나가! 다 나가! 사장 말, 안 들으려면 다 남극에나 가 버려!"

수염왕이 고래고래 소리를 질렀어. 임원들이 후다닥 회의실을 빠져나갔어.

"내 돈으로 월급 받으면서, 내 맘을 알아주는 사람이 없어. 인생이 허무해."

수염왕은 삐져서, 회사 밖으로 나와 버렸어.

"왜, 왜, 왜 따라와?"

수염왕이 뒤돌아보며, 소리를 빽 질렀어.

비서 성실해가 수염왕 뒤에서 따라오고 있었어. 성실해는 수염왕이 사업을 시작했을 때부터 함께 일한 직원이야.

"사장님이랑 같이 점심 먹으려고요. 혼자 점심 드시는 거 싫어하시잖아요."

성실해가 수줍게 미소를 지으며 총총 뛰어왔어. 미소 가득한 성실해를 보니, 수염왕은 화가 누그러졌어.

"애견 거리에 갈 거야. 같이 갈래?"

"아가들이 꼭 붙어서 자네. 어머, 정말 귀여워요."

성실해가 애견 가게 창 앞에 찰싹 붙어서, 진열된 강아지들을 보며 어쩔 줄 몰라 했어. 수염왕도 까치발을 했다가 무릎을 꿇었다 하며, 가게 안을 샅샅이 살폈어.

"크크, 손님이 많아. 돈이 날아다녀. 내가 줍기만 하면 되겠어."

수염왕이 성실해를 끌어당겼어.

"이제 저 강아지들을 공급하는 농장에 가 보자고."

두 사람은 택시를 타고 37분을 달려 '행복한 농장'에 도착했어. 야트막한 언덕 아래로 군데군데 허물어진 담이 보였어. 성실해가 녹슨 철문을 밀자, 끼익하는 요란한 쇳소리를 내며 문이 열렸어. 잡초가 무성한 공터가 나왔어.

수염왕과 성실해가 쭈뼛쭈뼛, 개 농장 안으로 들어갔어.

"사장님, 왜 살금살금 걸으세요?"

"응? 그, 글쎄, 나도 모르게 이렇게 걷게 되네?"

"전 왠지 좀 무서워요."

수염왕은 성실해의 가방끈을, 성실해는 수염왕의 양복 끝을 붙잡고 걸었어. 획, 바람이 불어와 흙먼지가 일어났어.

"어우, 이게 무슨 냄새죠?"

성실해가 두 손가락으로 코를 잡았어. 바람에 실려 역겨운 냄새가 수염왕과 성실해를 뒤덮었어.

"웩!" 수염왕도 두 손가락으로 콧구멍을 하나씩 막았어.

안으로 들어갈수록 악취는 점점 심해졌어. 두 사람은 입으로 훅, 훅, 훅, 짧게 숨을 쉬며 더 깊숙이 들어갔어.

"사장님, 저기를 좀 보세요."

성실해가 여기저기 쌓인 개 우리들을 가리켰어. '뜬장'이라고도 불리는, 굵은 철사를 엮어서 만든 우리야. 개들은 철망 사이로 다리가 빠질까 봐 제대로 움직이지도 못하고 엉거주춤 서 있었어. 우리 하나에 서너 마리가 갇혀 있었어. 개들이 두려운 듯, 눈길을 피했어. 이상하게도 두 사람을 향해 짖는 개가 없었지.

"야, 너는 왜 꼼짝도 안 하고 있어?"

수염왕이 저만치 떨어져 있는 우리를 통통 두드렸어. 몸을 둥그렇게 만 뒷모습이 세바스찬과 닮은 개가 누워 있었어.

"사장님, 죽었어요."

성실해가 수염왕 뒤에서 속삭였어. 수염왕은 엉겁결에 뒤로 물러섰어. 그리고 보니, 바닥 곳곳에 검은 얼룩이 보였어. 수염왕이 얼룩들을 따라가자, 넓적한 돌을 얼기설기 엮은 아궁이가 보였어. 아궁이 옆엔 기름이 잔뜩 낀 지저분한 솥과 찌그러진 솥뚜껑이 있었어. 수염왕은 양팔의 털이 쭈뼛 섰어.

그때, 컹컹 사납게 짖는 개소리가 들렸어. 소리는 점점 가까워졌어.

엄마야! 수염왕과 성실해는 흙먼지를 일으키며 줄행랑을 쳤어.

"여기는 처음 농장과는 다를 거야. 홍보영상을 보니, 주인이 개를 아주 사랑하더라고."

수염왕이 성실해에게 말했어.

두 사람은 '사랑 개 농장'이란 팻말이 붙은 집으로 들어갔어. 넓은 정원에 파릇한 잔디가 펼쳐지고 꽃, 나무가 잘 가꾸어진 예쁜 집이었지.

"사랑 개 농장에 잘 오셨습니다."

농장 주인이 수염왕과 성실해를 맞았어. 머리에 빨간 핀을 꽂은 몰티즈 2마리가 쪼르르 달려와서, 꼬리를 살랑살랑 흔들었어. 주인에게 사랑을 받아서 사람을 두려워하지 않는 거야.

"어떤 종의 강아지가 필요하세요? 요즘은 웰시코기, 포메가 잘 나가요. 텔레비전 프로그램에 나오더니 엄청 인기가 높아졌죠."

"웰시고기……?"

"웰시코기예요. 다리가 짧고 허리가 긴데, 꼬리를 자른 개가 많아요. 포메는 포메라니안을 줄인 말이고요."

성실해가 수염왕의 귀에 속삭였어.

"다 필요 없고, 강아지들이나 보여 줘."

"아이, 우리 애들은 보실 필요도 없어요. 그냥 제게 주문만 하

세요. 저희가 건강하고 예쁜 강아지를 보내드릴게요."

"싫어. 직접 볼 거야. 저기가 강아지들이 있는 곳인가 보군."

수염왕은 주인을 밀치고, '출입 금지'라고 적힌 문을 열었어. 지하로 내려가는 계단이 나타났어. 수염왕은 벽을 더듬어 스위치를 찾아, 불을 켰어. 불을 켰지만 지하실은 여전히 어두웠어.

농장 주인은 전화를 받는다며 가 버려서, 수염왕과 성실해만 지하실로 내려갔어. 계단을 내려갈수록 이상하게 마음이 무거워졌지.

지하실에는 개가 겨우 몸을 누일 정도로 작은 우리가 가득 싸여 있었어. 우리 안에는 임신해 배가 불룩한 여러 종의 개들이 엎드려 있었어. 농장 주인의 말대로, 웰시코기와 포메라니안이 가장 많았지. 수염왕이 다가가자, 개들은 힘겹게 눈을 껌벅이면서도 꼬리를 흔들며 반겼어.

"이 어둡고 냄새나는 곳에서 온종일 지내는 거니?"

어느새 다가온 성실해가 개들을 보며 울먹였어.

"에잇, 안 해, 안 해! 세바스찬 보기 미안해서, 이런 사업은 안 한다고!"

수염왕은 성실해의 팔을 잡고 서둘러 계단을 올라갔어.

 저희 동네에 애완용품 가게도 있고 동물 병원도 있어요. 수염왕의 말대로, 반려동물 사업이 잘 될까요?

반려동물을 대표하는 동물이 반려견이니, 반려견 중심으로 알아보자. 1장에서 잠깐 알아봤지만, 개는 다양한 용도에 맞춰 개량되었어. 소와 말, 양 등의 가축을 모는 목축견, 사냥을 돕는 사냥개뿐 아니라, 얼음 위에서 썰매는 끄는 썰매견, 달리기 경주에 나가는 경주견, 사람을 구하는 구조견 등이 있어. 사냥개만 해도, 새를 모는 사냥개, 사냥꾼이 총을 쏘아 떨어뜨린 새를 물어오는 사냥개, 두더지 등을 잡는 사냥개 등으로 나뉘어. 구조견으로 활약하는 세인트버나드와 컵에 들어갈 만큼 작은 미니 요크셔테리어를 비교해 보면, 개가 얼마나 다양하게 개량되었는지 알 거야.

다양한 목적으로 개를 키우는 만큼, 개와 관련된 사업도 발달하고 있어. 목적에 맞게 개를 교육하는 훈련소, 훈련사가 필요하고, 개가 사용할 물품도 필요하지. 사료, 옷, 목줄 등도 다양하지. 하지만 대부분의 반려동물 사업은 반려인과 함께 사는 반려견을 위한 사업이야.

한국에서 반려 가구가 급격히 늘고 있어. 농림축산검역본부는 2017

년, 한국에서 반려동물을 기르는 가구(집)가 약 593만 가구라고 추정했어. 100가구 중 28가구에서 반려동물을 기르는 거야. 반려동물의 숫자가 급격하게 증가한 이유는 1인, 2인 가구가 많아졌기 때문이야. 또 고령화 현상도 그 원인이지. 공원에 가 보면 반려견과 함께 산책을 나온 노인을 많이 볼 수 있어.

반려인이 늘어난 원인은, 가족과 함께 살지 않는 외로운 사람이 많아지면서, 반려동물과 감정을 나누는 사람이 늘어났기 때문이야.

반려인들에게 '삶에 기쁨을 주는 존재가 무엇이냐?'라고 물었어. 가족이 1위, 반려동물이 2위로 나왔지. 무려 100명 중 30명이 반려동물이 삶에 기쁨을 준다고 꼽은 거야.

반려동물을 가족처럼 아끼는 반려인들은 반려동물을 위해 돈도 많이 쓰지. 내가 어렸을 적에는 동네에 동물 병원이 없었어. 동물 병원은 농촌에서 소나 돼지 등을 돌보는 곳인 줄만 알았지. 지금은 동네마다 동물 병원을 쉽게 볼 수 있잖아.

반려인은 반려동물의 옷, 집, 사료, 놀이 용품 등을 사고, 미용도 해 줘. 반려동물의 건강을 관리하고, 전용 놀이터와 수영장에도 데리고 가지. 돌볼 사람이 없을 때는 동물 호텔에 맡기기도 해.

반려견 학교도 있어. 반려인과 반려견이 함께 잘 지내려고 미리 반려견을 교육하는 곳이야. 또 문제를 일으키는 반려견의 행동을 교정해 주는 학교도 있어. 반려인에게 반려견을 어떻게 대해야 하는지를 교육하는 곳도 있지.

최근에는 반려동물을 위한 건강보험도 생겼어. 반려동물에게 필요한 물품만 배달해 주는 회사도 있지. 반려동물 장례식장과 전용 봉안당

까지 생겼어. 반려인들을 위한 아파트도 짓고 있어. 아파트 단지에 반려동물 놀이터, 반려동물 호텔을 만드는 거야. 집에 혼자 남은 반려동물이 불안해하지 않도록 반려인의 목소리와 모습을 텔레비전으로 보여 주는 서비스를 하는 회사도 있어.

이 모든 행동이 반려동물 산업이야. 반려동물 산업은 더 다양한 상

점점 커지는 반려동물 산업

품과 서비스를 만들어서 점점 더 커질 거야. 통계청은 반려동물 산업의 시장 규모가 2018년엔 3조 6,500억 원 정도, 2020년에는 5조 8,000억 원으로 늘어날 거라 예상해.

 **뉴스에서 불법 개 농장을 봤어요. 개들이 너무 비참하게 살더라고요**

애견 가게에선 언제나 강아지를 살 수 있어. 그 강아지는 개 농장에서 태어난 강아지를 애견 가게에서 경매로 산 거야. 개 농장은 적은 비용을 들여서 강아지를 많이 생산해야 더 이익이 크지.

강아지를 생산하는 비용을 줄이려면, 농장을 깨끗하게 청소하고 개를 보살필 직원을 줄이는 방법이 있어. 좁은 곳에 개를 몰아넣고, 개 우리를 층층이 쌓는 거야. 청소가 쉽게 뜬장에 개를 가두지.

뜬장은 바닥에서 떠 있는 철장이야. 대소변이 바닥으로 떨어지니, 우리 청소를 따로 할 필요 없이 바닥 청소만 하면 돼. 하지만 개는 철장 사

강아지

이로 다리가 빠질까 제대로 움직이지도 못해. 뜬장을 이용하고, 개 우리를 층층이 쌓는 것은 동물 학대야.

 불법 개 농장에선 싼 사료를 먹이고, 개가 아파도 병원에 데려가지 않아. 강아지를 낳고 키워서 파는 농장이 아니라, 어미 개, 강아지의 고통은 아랑곳하지 않는 공장 같은 곳이 많아.

 이런 개 공장에서 파는 강아지는 건강하지 못해. 쉬지 않고 새끼를 낳은 어미 개가 낳은 강아지가 건강할 리 없지. 게다가 강아지는 석 달 정도는 어미젖을 먹으며 보살핌을 받아야 면역력이 높아져. 하지만 작고 어린 강아지가 더 잘 팔리기 때문에 1달 반~2달 만에 팔리는 강아지가 많아. 개 농장에선 강아지를 키우는 비용이 줄어서 좋고, 곧바로 어미 개를 또 임신시킬 수 있어서 좋지.

너무 어린 강아지는 면역력이 낮아서 일찍 죽는 일이 잦아. 사회화 능력도 떨어져서 다른 개를 무서워하거나 함께 있기 싫어하고 예민한 개로 자랄 확률도 높아. 이런 반려견과 함께 사는 반려인도 힘들지.

일잘해 부장이 말한 대로, '동물의 5대 자유'를 지켜야 해. 영국에서 제안한 내용인데, 여러 나라에서 동물보호법을 만들 때 기준으로 삼고 있지.

첫째, 동물은 갈증과 배고픔, 영양불량을 겪지 않을 자유가 있어. 잘 먹을 자유가 있는 거야.

둘째, 불편함을 겪지 않을 자유야. 동물도 위험을 피할 피난처, 편하게 쉴 집이 있어야 하지.

셋째, 통증과 부상, 질병을 겪지 않을 자유가 있어. 미리 병을 예방하고 질병에 걸리거나 다쳤을 때는 신속하게 치료를 받아야 해.

넷째, 동물은 정상적인 행동을 표현할 자유가 있어. 동물의 본래 모습대로, 본래의 성향대로 살 자유가 있지. 사람 옷을 입고, 묘기를 부리는 동물은 정상적인 행동을 할 자유를 빼앗긴 거야. 또 동물은 적절한

① 동물은 갈증과 배고픔, 영양불량을 겪지 않을 자유가 있다.

동물의 5대 자유

② 동물은 불편함을 겪지 않을 자유가 있다.

③ 동물은 통증과 부상, 질병을 겪지 않을 자유가 있다.

④ 동물은 정상적인 행동을 표현할 자유가 있다.

⑤ 동물은 불안과 고통을 피할 자유가 있다.

시설에서 같은 종류의 동물과 함께 살 권리도 있지.

다섯째, 동물은 불안과 고통을 피할 자유가 있어. 동물도 감정이 있어서 스트레스를 받고 불안, 두려움을 느껴. 아픔도 느끼지. 그래서 동물을 불안하게 하거나 고통을 줘선 안 돼.

수염왕의 동물권리 노트

반려인이 늘면서, 반려동물 관련 사업이 급성장하고 있다.
반려동물은 장난감이 아니다. 동물을 사랑한다면, 동물이 '동물의 5대 자유'를 누리게 해야 한다.
(반려동물도 유행이 있다고? 나 참! 가족도 유행에 따라 바꿀 건가?)

3 반려견이 멋져 보여야 내 체면이 선다

"세바스찬, 네가 얼마나 운이 좋은 개인지 알고 있느냐? 아휴, 말도 마라. 예쁜 강아지들이 어떤 곳에서 태어나는지를 안다면……."

수염왕은 세바스찬에게 연고를 발라 주며 중얼거렸어. 하지만 연고를 발라 준 보람도 없이, 세바스찬은 목을 돌려 연고를 핥아 먹어 버렸어.

"에비! 개야, 이 개야, 이러니 네가 사람이 아니라 개인 거다. 연고를 왜 먹어!"

수염왕은 말은 퉁명스럽게 했지만, 다시 세바스찬의 짓무른 피부에 조심조심 연고를 바르고, 후후 불어 줬어. 세바스찬은 수염왕의 손을 빠져나가, 현관문 앞에서 월월 짖었어. 그러고는 수염왕을 보며 꼬리를 살랑살랑 흔들었지. 세바스찬이 가장 좋아하는

일, 수염왕과 함께 산책하자고 조르는 거야.

수염왕은 세바스찬에게 가슴줄을 둘러서 함께 밖으로 나왔어. 마침 옆집 대문이 열렸어.

앗, 그런데 옆집에서 나온 사람은 공원에서 만난 아주머니였어. 아주머니 옆에는 여전히 멋져 보이는 샤밍이 있었지. 여전히 숨을 거칠게 몰아쉬기도 했고.

"엑! 저 아줌마가 내 옆집에 사는 거야? 나 참, 정말로 싫구먼!"

수염왕이 고개를 저었어. 그리고 아주머니와 반대 방향으로 휙 몸을 돌렸어.

"어, 공원에서 만난 분이 맞죠? 설마 그 집에 사시는 건 아니죠?"

아주머니도 수염왕을 보고, 말을 걸었어.

"분명히 이 집에서 살아."

"어쩐지, 요란한 개소리가 들리더라니……. 족보 없는 개라, 그렇게 짖어댔군요."

"개가 짖어야지, 그 납작코는 사람 말을 하나?"

"불도그는 코가 납작할수록 순종으로 인정받아요. 어휴, 개에 대해 모르면 말을 마세요."

아주머니가 샤밍을 데리고 걸어가 버렸어.

천천히, 하지만 촘촘하게 수염왕의 팔자수염이 또르르 말려 올라갔어. 엄청난 분노를 긁어 모아, 욕을 퍼부으려는 순간, 세바스찬이 코로 수염왕의 무릎을 톡톡 쳤어. 그러고는 살랑살랑 꼬리를 흔들며 공원 쪽으로 총총 걸어갔어. 세바스찬이 수염왕을 돌아보며, 다시 꼬리를 살랑살랑 흔들었어.

"으으, 흐읍!"

수염왕은 터져 나오려는 욕을 꿀꺽 삼켰어. 그리고 머리를 세차게 흔든 다음, 세바스찬과 함께 산책했어. 하지만 수염왕의 뇌세포는 반짝반짝 빛을 내며, 옆집 아주머니에게 복수할 1만 2,000여 가지의 방법을 찾느라 바빴어.

그날 저녁, 수염왕은 집에서 멀리 떨어진 완구점에 갔어. 검정 마스크와 챙 모자, 선글라스로 얼굴을 가렸지. 옷도 평소와 다르게 입었어. 왕수염 회사 체육 대회 때, 단체로 맞춘 티셔츠와 운동복 바지를 입었지. 직원들과 똑같은 옷을 입을 수 없다며, 한 번도 입지 않은 옷이야.

수염왕은 완구점에서 산 물건을 잘 숨겨 두었어. 한시라도 빨리 이것을 쓰고 싶어서 몸이 근질거렸지만 꾹 참았어. 하루, 이

틀……, 드디어 기회가 왔어. 옆집 가족이 외출한 거야.

샤밍은 혼자 남아, 그늘진 난간에서 잠이 들었어.

수염왕은 옆집의 상황을 계속 지켜보다가, 드디어 계획을 실행했어. 수염왕은 검은 비닐봉지에 잘 숨겨둔 콩알탄 폭죽을 꺼냈어. 수염왕이 폭죽을 양손에 쥐고, 환하게 웃었어. 눈이 번뜩였지.

"챠밍인지, 코맹맹이인지가 얼마나 우아하게 짖는지 한번 보자고, 크크."

팡 팡 팡 파앙 팡팡팡 팡팡.

수염왕이 콩알 폭죽을 옆집에 마구 던졌어.

샤밍이 깜짝 놀라 벌떡 일어났어. 폭죽을 피해, 샤밍이 이리 뛰고 저리 뛰고 어쩔 줄 몰라 했지. 눈은 휘둥그레지고, 귀는 뒤로 팽팽하게 젖혀졌어.

"크크크크. 챔피언 개도 별것도 아니네. 크크."

수염왕은 콩알 폭죽 200알을 다 던지고 흡족하게 웃었어. 세바스찬 때문에 옆집 아주머니에게 무시를 당해 쌓였던 분함이 다 풀렸어.

샤밍은 폭죽을 피해 달아나다가, 나무와 담 사이에 어깨가 끼어 버렸어. 샤밍은, 그 틈에서 빠져나오려고 발버둥 쳤어. 낑 끼

잉, 애처롭게 울었지. 그러다 샤밍이 수염왕을 발견했어. 샤밍이 미친 듯이 짖어 댔어. 웡웡웡. 샤밍이 짖는 소리가 쩌렁쩌렁 울렸어.

'저 녀석이 세바스찬보다 훨씬 요란하게 짖네, 뭐.'

수염왕이 코웃음을 쳤어. 그리고 경찰서에 전화를 걸었어. '옆집 개가 너무 시끄럽게 짖어서 잠을 못 잔다. 개 주인을 혼내 달라.'라고 신고했지.

우후!

수염왕은 콧노래가 절로 나왔어. 경찰차가 옆집에 도착한 것을 확인한 뒤 집을 나섰어. 수염왕은 후련한 마음, 가벼운 발걸음으로 도서관에 갔지. 동물로 돈을 벌려면, 동물을 잘 알아야 하잖아.

수염왕은 『개로 돈 버는 법』, 『반려동물 사업』, 『멸종 위기 동물 사전』을 골랐어. 사서가 그 책들을 보더니, 한 권을 더 추천해 줬어. 『꼬불꼬불나라의 동물권리 이야기』라는 책이었어. 그런데 수염왕은 옆집 상황이 궁금해서 좀이 쑤셨어. 서둘러 책을 빌려서 집으로 달려갔어.

집에 도착하자마자, 수염왕이 2층으로 달려 올라갔어. 옆집을 살폈지. 샤밍이 정원에서 안 보였어. 샤밍은 구석방, 침대 위에서

짧은 앞발을 겨우 창문에 걸치고 정원을 내다보고 있었어. 그 뒤로도 며칠 동안 샤밍은 산책도 나오지 않았어. 아마 순경이 다녀간 뒤, 벌을 받는 것 같았지.

　동네에서 제일 화려한 샤밍이 집에 갇혔으니, 이제 수염왕은 다음 단계로 넘어갔어. 바로 세바스찬을 예쁘고 화려하게 꾸미는 거야. 수염왕은 벽장 속에서 보라색 벨벳으로 싸인 상자를 꺼냈어. 상자 안엔 보석으로 장식한 개 장식품이 반짝였어. 수염왕은 대대로 꼬불꼬불나라의 왕관을 만들었던 귀금속 장인에게 커다란 금귀걸이를 주문했어. 작은 다이아몬드를 빼곡히 박는 것도 잊지 않았지.

　수염왕은 세바스찬에게 금실 은실로 곱게 수를 놓은 티셔츠와 신발도 신겼어. 세바스찬은 답답한지 몸을 흔들고 테이블 모서리에 몸을 긁어서 옷을 벗으려 했어. 하지만 가슴 가리개에 수놓은 수염왕의 얼굴을 보고는 잠잠해졌어. 수염왕은 세바스찬의 목에 알록달록한 보석이 박힌 금목걸이도 걸었어. 수염왕의 전화번호와 세바스찬의 이름이 적힌 이름표는 벗겨 버렸지.

　잠시 뒤, 수염왕은 눈이 부셔서 쳐다보기도 힘든(그래서 수염왕은 선글라스를 꼈어.) 세바스찬을 이끌고 공원 산책에 나섰어. 이제 세

바스찬이 이 동네에서 가장 화려한 반려견이 되었지.

공원에 있던 사람들이 넋을 잃고 세바스찬을 구경했어. 신이 난 수염왕은 수염이 하늘 높이 일자로 솟구쳤어. 사람들이 왜 자기 개를 요란하게 꾸미고 다니는지 알 것 같았지. 세바스찬은 목과 귀에 걸린 보석들이 무거워서 고개도 들기 힘들었지만 말이야.

그런데 갑자기 세바스찬이 달려 나갔어. 방심하고 있던 수염왕이 가슴줄을 놓쳤어. 세바스찬은 아이스크림을 먹고 있는 초등학생 여자아이들에게 달려들었어.

"엄마!"

두 아이가 후다닥 벤치 위로 올라갔어. 미처 피하지 못한 한 아이가 아이스크림을 든 손을 번쩍 들었어. 세바스찬은 꼬리를 세차게 흔들며, 그 아이의 주위를 미친 듯이 빙글빙글 돌았어. 아이는 얼굴이 빨개지고 울음을 터뜨리기 직전이었어.

"자, 이거 먹어."

벤치 위로 피한 한 아이가 세바스찬에게 아이스크림을 내밀었어. 그러자 세바스찬이 벤치로 다가가서, 허겁지겁 아이스크림을 핥아 먹었어. 세바스찬에게 잔소리를 하지 않는 수염왕이지만, 이

번엔 그냥 둘 수 없었어.

"안 돼! 초콜릿 아이스크림이잖아."

수염왕이 아이스크림을 쳐 냈어. 초콜릿은 개에게 해로운 음식이거든. 아이스크림이 바닥에 떨어지자, 아이는 성난 표정으로 아이스크림과 수염왕을 번갈아 노려봤어. 세바스찬은 떨어진 아이스크림을 핥으려고 기를 썼어.

"자, 자, 자. 세바스찬, 진정하거라. 음, 그리고 너희는 나를 그만 노려보도록 해. 내가 피해를 보상해 줄 테니, 따라오렴."

수염왕은 세바스찬을 이끌고 공원 앞, 편의점에 갔어. 아이들이 수염왕을 따라갔어.

수염왕이, 세바스찬이 달려들어서 놀란 아이에게 막대사탕 100개를 사 줬어. 아이스크림을 떨어뜨린 아이에겐 양손에 떨어뜨린 아이스크림과 똑같은 아이스크림을 쥐여 줬지. 다른 아이에겐 뜨끈한 쌍화탕을 억지로 주었어.

"아저씨, 다음에는 리드줄을 놓치지 마세요. 입마개도 해 주고요."

멈칫멈칫 쌍화탕을 한 모금 삼키고, 아이가 수염왕에게 말했어. 그리고 쌍화탕을 보며, 인상을 찌푸렸어.

 공원에 갔더니, 출입구에 '반려견에게 목줄을 해 주세요.'라는 안내문이 붙어 있어요. 반려견을 공원에서라도 자유롭게 다니게 하면 안 되나요?

집 안에 갇혀 있던 반려견을 공원에서만이라도 자유롭게 뛰어놀게 하고 싶지? 하지만 모든 반려견은 공원에서 목줄을 해야 하고, 대형견은 입마개도 해야 해. 왜 그럴까?

그 이유는, 나는 개를 좋아하지만, 다른 사람은 개를 싫어하거나 무서워할 수도 있기 때문이야. 털 알레르기가 있을 수도 있어. 털 알레르기가 있는 사람은 털 때문에 재채기가 나고, 콧물과 눈물이 나기도 해. 두드러기가 나고 심하면 기도가 부어서 숨쉬기도 힘들어.

내 반려견이 다른 반려견이나 사람을 물거나 다치게 할 수도 있어. 요즘도 반려견이 다른 반려동물, 사람을 공격했다는 뉴스가 자주 보도되고 있잖아. 그 반려견들의 주인은 "내 순한 반려견이 사람을 해칠 줄 몰랐다."라고 말해. 미국에서는 사람을 다치게 한 개는 사살되거나 안락사를 당해. 한국에서도 사고를 낸 반려견의 주인을 엄하게 처벌해야 한다는 의견이 높아.

그리고 목줄을 하지 않으면 반려동물을 잃어버릴 수도 있어. 도로로 뛰어들어 사고가 날 수도 있지. 결국 목줄, 입마개 등은 사람과 반려동물이 함께 살려면 필요한 대책이야. 공원뿐 아니라 길, 사람이 모이는 곳에서는 반려견에게 목줄을 해야 해.

대중교통을 탈 때나, 공공장소에선 이동장, 이동 가방에 반려동물을 넣어야 해. 외출할 때는 배변 봉투, 목줄 혹은 가슴줄, 물통, 먹이, 그릇과 물티슈, 배변 패드, 입마개도 필수지.

왜 반려견이 사람을 공격하는지, 그 이유를 밝히려는 노력도 있어.

입마개를 한 개

 순한 골든 레트리버가 사람을 문 사고도 있으니까. 모든 반려동물과 마찬가지로, 반려견 역시 조상은 야생에서 살았어. 개의 조상이 늑대잖아. 늑대는 지금도 넓은 곳에서 무리를 지어 사냥하며 살아. 오랜 시간 사람과 함께 살고, 개량이 되었다고는 해도 개에게서 야생의 본능이 다 사라졌다고 자신할 수는 없지.
 그런데 우리와 함께 사는 반려견은 어때? 온종일 집에 갇혀서 대부분 시간을 혼자 보내지. 차 지나가는 소리, 냉장고 모터가 돌아가는 소리, 물건을 사라는 외침 등에 둘러싸여 살아. 개는 청각이 뛰어나기 때문에 사람보다 소음에 더 고통스러울 거야. 눈에 보이지는 않지만, 전자파 때문에 반려견이 스트레스를 받아서 공격적으로 행동했을 거라는 추측도 있어.

이 책을 쓰면서, 동물에 대한 여러 자료를 찾아보았어. 그중에서 가장 인상적인 문장을 소개할게. 바로 '개는 사람이 아니다.'라는 말이야.

개뿐만 아니라 모든 동물이 사람과 다르지. 동물이 사람보다 지능이 낮고 가치가 없다는 말이 아니라, 사람을 대하듯 동물을 대해서는 안 된다는 거야. 내가 좋아하는 일을 내 반려동물이 좋아할 거로 생각하면 안 되지. 내가 당연하다 생각하는 일도 반려동물에게는 뜬금없는 일일 수도 있어. 나는 예쁘다고 반려견의 눈을 쳐다봤는데, 반려견은 싸우자고 도전하는 거로 받아들여서 사람을 공격한 예도 있어. 개를 무서워해서 달아나면, 오히려 개가 달려들 수도 있어. 도망치는 사냥감을 쫓던 늑대의 습성이 남아 있거든. 그러니 미리 조심하는 것이 사람을 위해서도, 반려동물을 위해서도 필요하지.

 저는 쪼꼬에게 잘해 주고 싶은데, 말이 통하지 않으니 좀 답답해요. 반려견을 어떻게 대해야 할까요?

반려동물이라고 부르기는 하지만, 여전히 동물들을 애완동물, 즉 장난감처럼 생각하는 사람이 있어. 예를 들어 볼까? 반려견은 색을 잘 구분하지 못해. 그런데 개털을 알록달록하게 염색하는 사람이 있지. 그 반려견은 자기 털이 무슨 색으로 변했는지도 모르는데 말이야. 그럼 누굴 위해 염색한 걸까?

신발을 신은 반려견, 선글라스를 낀 반려견, 화장한 반려견, 배낭을 멘 반려견, 귀를 뚫어 귀걸이를 한 반려견도 있어. 이런 꾸밈을 반려견은 좋아할까? 어떤 동물 병원 원장이 쓴 책을 읽었는데, 자신의 반려견이 자라지 못하게 하려고 하루에 두 번, 사료를 3알씩만 먹이는 사람도 있대. 작은 개가 더 예쁘다고 말이야. 이런 사람들은 어릴 적 장난감 인형의 옷을 갈아입히고 머리카락을 손질해 주던 것처럼, 반려동물을 장난감처럼 대하는 거야.

반려동물이란 말속에는, 반려동물이 원하는 대로 살아야 한다는 뜻이 포함되어 있어. 우리를 사랑한다는 사람이 우리에게, 불편한 옷과 신

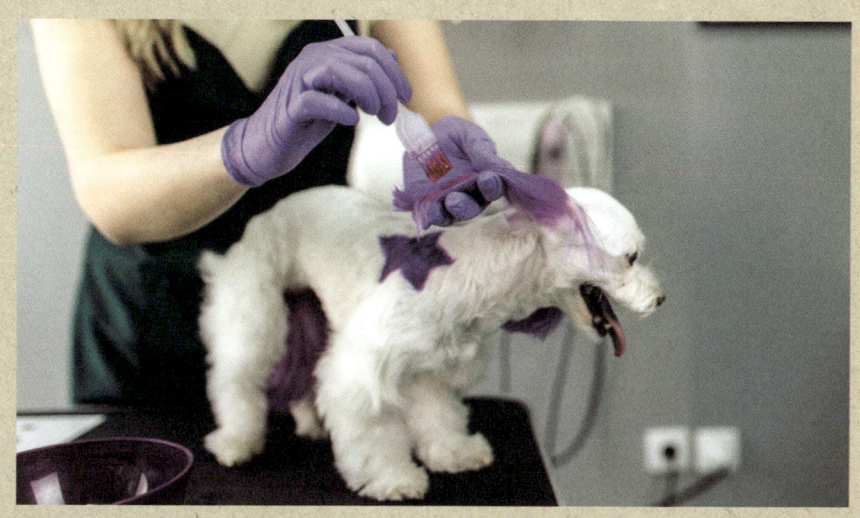
염색하는 개

발을 신기고, 항상 배고프게 만든다면 어떨까. 다시 말하지만, 동물은 사람이 아니야. 아무리 반려동물이 좋아하고 충성하는 사람이라도, 그 사람이 좋아하는 것과 반려동물이 좋아하는 것이 다 같을 순 없어. 개는 개처럼, 고양이는 고양이처럼 살아야 행복하지. 물론 다른 사람에게 피해를 주지 않는 범위 안에서만 말이야.

다른 사람의 반려동물을 만져서도 안 돼. 네가 길을 가는데 처음 보는 사람이 '아이고 귀엽다.' 하며 얼굴을 쓰다듬으면 어떻겠어? 놀라고 화가 날지도 몰라. 반려동물들도 마찬가지야. 모르는 사람이 만지면 놀라고 싫어해.

　이쯤에서 내 실수를 고백해야겠네. 지하철을 탔는데 시각장애인과 시각장애인 안내견이 탔어. 지하철 안에 사람이 많았는데도 침착하게 지하철을 타고, 빈자리를 찾아 장애인을 이끌더라고. 그러고는 장애인 옆에 의젓하게 서 있는데, 그 모습이 아주 기특했어. 마침 내게 과자가 있어서, 그 안내견에게 과자를 내밀었어. 녀석이 당황하며 고개를 돌리고 뒤로 물러서더라. 내 모습을 보고, 옆의 아주머니도 '쟤가 목이 타나 보네.'라며 물병을 꺼내셨지. 그러자 시각장애인이 "먹을 것을 주지 마세요."라는 거야. 나도, 아주머니도 그 시각장애인 안내견이 기특해서 상을 주고 싶었던 것뿐인데, 주인이 막으니 좀 억울했어. 하지만 지금은, 그때 내가 얼마나 큰 실수를 했는지 알아. 반성하고 있단다.

　사람을 위해 일하는 개들이 있어. 우선 장애인 안내견이 있지.

　시각장애인이 걸을 때 위험한 장애물을 알려 주고 목적지까지 이끌어 주는 시각 안내견이 있어.

　청각장애인의 귀를 대신하는 안내견도 있어. 초인종, 경보음, 아기 울음소리, 주전자 등의 소리를 듣고 청각장애인을 안내하는 역할을 하지.

　지체장애인의 팔을 대신해 출입문을 열거나 신문이나 리모컨 등을

시각장애인 안내견

가져오는 안내견도 있어.

지적장애, 우울증이 있는 장애인에게 안정을 주고, 사회화 능력을 키워주는 치료 안내견도 있지.

장애인 안내견은 장애인의 안전을 위해서 오랫동안 교육을 받고, 자신의 본능을 참고 있어. 먹고 싶고, 달리고 싶고, 짖고 싶고, 싸우고 싶은 본능을 참지. 그래서 안내견을 만지거나 먹이를 주면, 안내견이 교육받은 내용을 잊고 혼란스러워져. 그래서 장애인 안내견뿐 아니라, 장애인까지 위험에 빠지게 되지.

수염왕의 동물권리 노트

사람이 아무리 동물을 사랑한다고 해도, 동물과 사람은 다르다.
반려동물과 행복하게 살려면 반려동물을 잘 알아야 한다.
    (내 반려동물을 다른 사람도 사랑할 거라고 착각하지 마! 난 샤밍이 얄밉다고!)

4
가족은 괴로워

"반려동물 사업은 포기야! 대신 일차산업인 목축업을 사차산업으로 만드는 거야, 스마트 팜이지."

수염왕의 말에, 일잘해 부장이 고개를 끄덕였어.

수염왕과 왕꼼꼼 이사, 일잘해 부장은 목장에 가는 중이야. 처음 들릴 건강 목장은 '동물복지 축산농장'으로 인증을 받은 곳이야. 목장으로 가는 길에 나무 사이를 어슬렁거리는 소, 길옆 풀을 뜯어 먹는 소, 비탈길을 내달리는 소 들이 보였어.

"저희는 이 산에 소를 풀어놓고 키웁니다. 먹이도 제가 직접 키운 풀을 먹이죠."

건강 목장 주인이 수염왕 일행을 맞았어.

"사룟값이 비싼가요?"

일잘해 부장이 물었어.

"사료를 먹이는 게 풀을 먹이는 것보다 쌉니다. 하지만 예전에 물고기, 돼지, 닭, 소 들을 갈아 넣은 사료 때문에 큰 문제가 있었죠. 초식동물에게 고기를 먹인 거니까요. 그래서 광우병이니 앉은뱅이 소 병이 생겼다는 얘기도 있었고요. 저는 안전하게 직접 키운 풀을 소에게 먹입니다."

"그런데 소를 산에 풀어놓으면, 소가 이리 뛰고 저리 뛰잖아? 운동하면 살이 빠지고. 쇠고기는 무게로 파는데, 소가 살이 빠지면 손해 아닌가?"

수염왕이 물었어.

"소가 살이 빠지기도 하고, 지방이 줄어들고 근육이 많아지죠. 그래서 우리 목장의 소들은 좋은 등급을 못 받습니다."

"깨끗한 환경에서 자유롭게 살고, 건강한 사료를 먹고, 운동을 많이 하고, 스트레스도 안 받고 사는 소라면, 제일 좋은 쇠고기가 될 것 같은데요?"

수염왕은 일잘해 부장을 힐끗 보며, '저 긴 말을 한 번에 말하다니……'라고 감탄했어.

"지방이 많은 고기가 부드럽잖아요. 그런데 우리 소는 근육질이라 조금 질기답니다. 허허허. 그래도 건강한 먹거리를 찾는 소

비자가 점점 많아지고 있죠."

수염왕의 머릿속에, '등급이 낮다=싸다=손해'라는 공식이 떠올랐어.

"여긴 땡! 자, 가자고."

세 사람은 목장 몇 곳을 더 들렸다가, 이번엔 양돈장에 도착했어. 똥 밭에 뒹구는 허연 돼지를 보니, 점심으로 먹은 등심 돈가스 조각이 손을 잡고 입 밖으로 밀려 올라오는 것 같았어. 우욱. 오꼼꼼 이사가 헛구역질을 했어.

"사차산업이니 스마트 팜이니 하며 기술이 발달하고 있는데, 여긴 왜 이리 후졌어?"

수염왕이 짜증을 냈어.

"그래도 우리 집 돼지들은 행복한 겁니다. 짚도 깔아 주고, 움직일 공간도 있죠. 같이 놀라고 돼지들끼리 함께 두고요."

농장 주인은 대답하면서도, 쉬지 않고 삽으로 돼지 똥을 퍼 수레에 옮겨 실었어.

"종일 똥을 치워도 똥이 쌓여요. 그렇다고 사료를 조금만 주면, 돼지가 빨리 자라지를 않으니 제가 손해를 보고요. 휴. 저는 이제 지쳤습니다. 사장님이 이 농장을 사십시오."

"사장님. 전 못 합니다, 절대로요!"

수염왕이 대답하기도 전에, 오꼼꼼 이사가 단호하게 고개를 저었어. 수염왕도 고개를 끄덕였지.

"내가 생각하는 스마트 팜은 로봇이 가축을 깨끗이 씻기고, 똥오줌도 바로바로 치우는 곳이야. 로봇 개가 가축을 모는 그런 목장 말이야."

수염왕은 실망했어. 상상한 것보다, 실제 목장들의 사정은 좋지 않았어.

이번엔 양계장이야. 커다란 비닐하우스 몇 개와 넓은 조립식 건물로 된 양계장이었어. 비닐하우스는 병아리가 닭으로 성장할 때까지 사는 육계사로 쓰였어.

일잘해 부장이 비닐 문을 열자, 뜨거운 열기가 확 뿜어져 나왔어. 뭔가 오묘하고 불쾌한 냄새가 콧구멍으로 훅 밀려 들어왔지. 바닥엔 발 디딜 틈도 없이 닭이 가득했어. 중간에 설치한 대형 선풍기는 고장인지, 멈춰 있었어.

"닭, 이렇게 닭이 많은 건 처음 봅니다."

오꼼꼼 이사가 수건으로 코를 막았어.

"자네가 세어 봐."

수염왕이 일잘해 부장을 안으로 밀었어. 그러자 닭들이 일제히 날개를 퍼덕이며, 안쪽으로 달아났어. 꼬꼬댁꼬꼬댁. 닭들이 요란하게 우는 소리까지, 육계사 안은 야단법석이었어.

"못 세겠습니다."

일잘해 부장이 밖으로 뛰쳐나왔어.

세 사람은 육계사 뒤에 있는 조립식 건물로 향했어. 마침 양계장 주인이 달걀을 트럭에 싣다가, 세 사람을 발견하고 달려왔어.

"여기를 사실 분입니까? 자, 이리로 오십시오."

주인이 조립식 건물의 문을 열었어. 안은 어두컴컴했어. 불을 켜자, 가로세로 30센티미터도 채 안 되는 닭장이 키보다 높게 차곡차곡 쌓여 있어. 닭장 앞에 모이통이 붙어 있고, 아래엔 달걀을 받는 선반이 있어. 선반은 살짝 한쪽으로 기울어져서, 닭들이 낳은 달걀이 선반을 따라 굴러가서 한곳에 모이게 되어 있지.

"저렇게 좁은 닭장에 닭을 3마리나 넣었군요. 게다가 바닥도 철장이니, 위에 있던 닭이 싼 대소변을 아래 있는 닭이 다 맞아야 하지 않습니까?"

"뭐? 대소변을 맞는다고? 우웩!"

수염왕이 인상을 찌푸렸어. 그러고 보니 닭 여기저기에 닭똥이 묻어 있었어. 달걀도 마찬가지였지.

"이 닭들, 병에 걸린 거 아냐? 부리가 이상하잖아."

수염왕이 일잘해 부장에게 살짝 물었어.

"부리를 잘렸군요. 발톱도 잘렸고요."

"닭들이 서로 부리로 쪼고 발톱으로 할퀴거든요. 뭐, 저도 처음엔 넓은 풀밭에 닭들을 풀어놓고 키웠어요. 닭도 새인데, 날개라도 활짝 펼치며 뛰어다니라고요."

양계장 주인이 쓴웃음을 지었어.

"조류 인플루엔자 때문에 2번이나 키우던 닭을 몽땅, 살처분했습니다. 밖에 내놓고 키운 닭이라, 철새에게 조류 인플루엔자가 옮은 건가 싶어서, 공장식 양계장으로 바꾼 거죠. 하지만 더는 못 하겠습니다. 싸게 드릴 테니, 이 양계장을 사십시오."

수염왕은 고개를 끄덕였어. 양계장 주인의 솔직한 모습이 마음에 들었어. 하지만 좁은 닭장에 갇혀, 부리까지 잘린 닭들을 보니 양계장을 하고 싶은 마음은 싹 가셨어. 당분간은 닭과 달걀도 안 먹을 것 같았지.

이제 마지막 목장만 남았어. 수염왕이 제일 기대를 많이 한 곳이야. 바로 '바이오 목장'이지.

바이오 목장은, 목장이라기보단 연구소 같은 곳이었어. 하얀 가운을 입은 직원이 수염왕 일행을 안내했어.

"저희 바이오 목장은 생물의 기능과 현상을 조작해서 새로운 식품을 만드는 곳입니다."

연구원은 세 사람을 작은 방으로 안내했어. 온통 하얀색 벽으로 칠해진 방 안엔 작고 둥근 탁자가 있고, 그 위에 접시 3개가 놓여 있었어. 접시마다 구운 고기 몇 점이 있었지.

"쇠고기잖아."

"고깃결이 가지런하고 색이 하얀 걸 보니, 닭 가슴살이네요, 그렇죠?"

"이건 돼지고기군요. 맛이 아주 좋습니다."

접시에 담긴 고기를 하나씩 맛보고서, 수염왕, 오꼼꼼 이사, 일잘해 부장이 차례로 말했어.

"하하하. 그렇죠? 지금까지 우리가 먹었던 고기 맛과 똑같죠? 하지만 이 고기들은 모두 새로운 식품입니다. 쇠고기 맛이 나는 말고기, 닭고기 맛이 나는 돼지고기, 돼지고기 맛이 나는 쇠고기랍니다."

연구원이 접시에 담긴 고기들을 하나씩 가리키며 설명했어.

"진짜? 내가 먹은 게 쇠고기가 아니라 말고기라고? 놀랍군, 놀라워!"

수염왕은 감탄해서 손뼉을 쳤지.

"유전자를 조작했나요?"

오꼼꼼 이사가 물었어.

"그렇습니다. 다른 가축의 맛이 나는 기술로, 이미 특허 등록도 마쳤지요. 앞으론 귀상어 맛이 나는 고등어, 멸치 맛이 나는 갈치

도 만들 계획이랍니다."

연구원이 가슴을 쫙 펴며, 자랑스럽게 고개를 끄덕였어.

"그냥 쇠고기, 돼지고기, 닭고기를 사 먹으면 되지, 뭐 하러 유전자 조작까지 해서 쇠고기 맛이 나는 말고기 따위를 먹습니까? 이곳에선 동물 실험도 하겠군요."

일잘해 부장의 얼굴이 굳어졌어.

"왜 그래? 난 신기하고 재미있기만 하구먼."

수염왕이 일잘해 부장의 옆구리를 쿡 찔렀어. 새로운 기술을 보고 신이 났는데, 일잘해 부장은 분위기를 깨는 선수야. 눈치가 참 없어.

"그만 가 주시죠. 이토록 놀라운 과학 기술을 보고도 감탄하지 않는 분들과 얘기하고 싶지 않습니다. 저희 기술을 사고 싶어 하는 회사는, 왕수염 회사 말고도 아주 많으니까요."

연구원이 문을 가리켰어. 하는 수 없이 세 사람은 바이오 목장을 나섰어.

"귀상어 맛이 나는 고등어는 괜찮은 아이디어 같은데. 귀상어가 어떤 맛인지는 모르지만."

수염왕이 중얼거렸어.

 **양돈장 주인이 '우리 돼지는 행복한 편'이라고 하잖아요?
웩, 똥 밭에 구르는 돼지가 행복하다니 말도 안 돼요**

제주도 '똥돼지' 때문인지, 난 돼지를 떠올리면 '똥'이 함께 떠올라. 돼지는 똥 밭에 뒹구는 지저분한 동물이라 생각했지. 하지만 자유롭게 사는 돼지는 아주 깨끗한 동물이라고 해. 지능도 높고 여럿이 함께 산다지. 생각해 보면, 외갓집에서 본 돼지는 똥이 묻지도, 냄새가 나지도 않았어. 농사짓는 집마다 두어 마리씩 돼지를 키웠는데, 돼지우리 한쪽엔 짚을 깔아줬어. 돼지는 짚 위에서 자고 우리 반대쪽 끝에 변을 봤지. 가끔은 우리를 벗어나 풀밭에 풀어놓았는데, 코로 흙바닥을 헤집으며 놀더라고.

하지만 요즘은 돼지뿐 아니라 가축 대부분을 공장식 축산으로 키워. 전문적으로 가축을 키워 돈을 버는 산업이니, 더 적은 비용을 들여서 더 많은 돈을 버는 것이 중요하지.

한 우리에 돼지 10마리를 키우는 것보다 100마리를 키우는 게 더 이익이지. 그런데 100마리를 한 우리에 넣었다가는 스트레스를 받은 돼지끼리 서로 싸우고 심한 경우엔 잡아먹기도 해. 그럼 주인은 손해지.

돼지가 몸을 돌릴 공간도 없는 돼지우리

그래서 우리를 여러 칸으로 나누고 1마리씩 살게 해. 또 돼지가 운동하면 살이 빠지니까, 꼼짝할 수 없을 정도로 칸을 작게 만들지. 몸을 돌릴 수도 없고 겨우 앞뒤로 두세 걸음만 걸을 수 있는 좁은 곳이야. 이런 곳에서 산다면 어떤 동물이라도 스트레스를 받을 거야. 그래서 우리를 어둡게 해. 사람도 환한 곳에서보다 어두운 곳에서 더 마음이 편하고 잠이 잘 오잖아. 그마저도 수퇘지는 여섯 달, 새끼를 낳는 암퇘지는 3, 4년 정도만 살려 두지만 말이야.

돼지는 엄마 젖을 떼자마자 엄마, 형제와 헤어져 좁은 우리 갇힌 채

층층이 쌓은 닭장

살만 찌우며 사는 거야. 그러니 수염왕이 찾아간 목장의 돼지가 그나마 행복한 걸지도 몰라.

닭도 사정은 비슷해. 암탉은 좁은 철창을 층층이 쌓은 닭장(이런 닭장을 배터리 케이지라고 해.)에서 살아. 너무 좁아서 날개를 펼 수도 없고 설 수도 없어. 닭은 원래 무리를 지어서 사는데, 무리를 지어서 사는 동물은 서로 싸워서 서열을 정해. 좁은 닭장에 갇힌 닭도 마찬가지야. 그런데 피할 곳도 없는 좁은 닭장에서 싸움이 벌어지면 어떻겠어? 게다가 좁은 곳에 갇힌 채, 먹고 자고 달걀을 낳고 배설을 하는 것 외에 아무것도 할 수 없으니 스트레스도 많지. 그래서 이상행동을 하는 닭도 있어. 자기 털을 뽑고 털을 먹기도 하지. 그런데 닭이 죽거나 다치면, 양계장 주인은 손해를 입지. 그래서 닭의 부리를 자르고 발톱도 잘라 버려.

원래 닭은 7~30년을 산대. 하지만 양계장에서 사는 수탉은 석 달, 암탉은 1~2년 정도 살 뿐이야.

공장식 축산은 가축에게만 고통을 주는 것이 아니야. 좁은 우리에 갇혀 움직이지도 못한 채 살면 당연히 면역력이 떨어져. 질병에 걸릴 확률이 높지. 또 1마리가 질병에 걸리면 주위 가축에게 전염도 빨라. 그래서 가축들에게 엄청난 양의 항생제를 먹이거나 주사를 맞히지.

스트레스를 받는 닭이 낳은 달걀엔 스트레스 호르몬이 많다고 해. 풀어놓고 키운 닭이 낳은 달걀과 공장식 양계장에서 생산한 달걀을 깨어 비교해 보면, 정말 다르다는 것을 알 수 있어.

이야기 속 건강 목장은 텔레비전 프로그램에서 소개해 준 곳이야(이름은 바꿨어). 목장 주인은 소에게 화학물질, 동물 성분이 든 사료 대신 풀을 먹여. 원래 소는 풀을 먹는 초식동물이니까. 그리고 산에 풀어놓고 키우지. 난 소가 돌길에, 비탈길에 넘어져서 다칠까 봐 걱정했는데, 웬걸. 소가 말처럼 달리더라고. 안타까운 건, 이 목장에서 사는 소는 가격이 낮다는 거야. 게다가 싼 사료 대신 풀을 먹이니 비용은 더 들고. 당연히 목장 주인은 손해를 볼 수밖에 없어.

2장에서 동물의 5대 자유를 알아봤지? 동물의 5대 자유를 지키며 가축을 키우는 것이 동물복지야. 최근에는 동물의 복지를 지키고, 환경을 오염시키지 않는 제품을 찾는 소비자가 많아졌어. 그런 제품이 더 안전한 식품이기도 하니까. 이런 소비자에 맞춰, 동물복지를 지켜 주는 농장도 늘고 있지.

농림축산식품부는 '동물복지 축산농장 인증제'를 실시하고 있어. 동물복지를 지키는 농장을 인증해 주고, 인증 농장에서 생산되는 축산물에도 인증 마크를 표시해 주지. '동물복지', '유기축산물' 인증 마크를 붙인 제품이 동물복지를 지킨 농장에서 생산한 제품이야.

'무항생제', '친환경', 해썹(HACCP)이라는 인증 마크들은 안전한 식품이라는 인증이지, 동물복지와는 상관이 없어.

 **학교에서 금붕어를 해부했어요. 너무 불쌍했어요. 왜 동물을 해부하는 건가요?**

　금붕어, 개구리를 해부하는 게 초등학생, 중고등학생에게 어떤 도움을 주는지 모르겠어. 그 때문에 금붕어와 개구리들이 목숨을 잃었다는 건 확실하잖아. 사진, 그림, 동영상을 보며 동물을 공부해도 되지 않을까?

　한국은 동물보호법에 따라, 1년에 한 번씩, 실험에 이용되는 동물의 수를 조사하고 있어. 2017년, 한 해 동안 실험에 이용된 동물이 308만여 마리가 넘어. 이 수치에는 학교에서 해부한 동물은 포함하지도 않았지.

　동물로 실험하는 이유는, 인간이 사용하는 제품의 안전성을 검증하기 위해서야. 제품이 사람에게 해로울 수도 있잖아. 그렇다고 제품을 만들 때, 미리 사람에게 실험하는 것도 위험해. 그래서 동물에게 실험하는 거야. 주로 식품, 의약품, 화장품, 전쟁 무기, 농약 등을 실험하지.

　하지만 실험에 동물을 이용하는 것에 반대하는 의견이 많아. 왜 반대하는 걸까?

　사람과 동물, 둘 다 걸리는 질병은 지금까지 알려진 질병의 1.16퍼센트 정도야. 사람이 걸리는 질병을 예방하거나 치료하기 위해 동물을 실험해도 별로 효과가 없는 거지. 실험동물로 많이 이용하는 쥐, 토끼, 개 등과 사람은 아주 다르잖아. 미국 식품의약처(미국에서 생산되는 식품, 의약품, 화장품뿐만 아니라 수입품과 일부 수출품의 효능과 안전성을 관리하는 관청)에선, "동물 실험을 통과한 100가지 의약품 중에 92가지는 사람을 대상으로 한 임상 실험을 통과하지 못했다."라고 발표했어. 동물에게 효과가 있는 100가지 약 중에 사람에게 효과가 있는 건 겨우 8가지뿐이라는 거야.

실제로, 동물 실험을 통과한 약을 먹은 사람들이 사망한 예도 있어. 입덧을 줄여 주는 탈리도마이드라는 약을 먹은 임산부들이 기형아를 낳은 적이 있어. 오프렌이란 관절염약을 먹은 61명이 사망했고, 부작용이 3,600가지나 발견되었지. 부타졸리딘, 탄더릴이란 진통제를 먹은 사람이 1만여 명이나 사망한 사건도 있었어.

농약이 얼마나 해로운지 알기 위해, 비글에게 농약을 먹이는 실험이 정말 필요할까? 비글은 참을성이 많아서 실험에 가장 많이 이용되는 견종이야. ('스누피'도 비글이야.) 담배 흡연이 얼마나 해로운지 알기 위해, 동물에게 강제로 담배 연기를 마시게 하고 그 폐를 해부하는 것이 정말 필요할까? 화장품과 샴푸가 사람 몸에 들어가면 어떤 현상이 일어나는

실험용 흰쥐

지 알기 위해, 토끼를 움직이지 못하게 묶고, 눈에 샴푸를 넣고 화장품을 먹이는 실험이 정말 필요할까?

약을 만들 때뿐만 아니라, 사람의 심리를 알기 위해서도 동물 실험을 해. 사람과 가장 비슷한 영장류를 이용하지. 이런 실험이 있다고 해.

우울증에 걸린 사람들의 심리를 알기 위해 동물을 일부러 우울증에 걸리게 해. 갓 태어난 원숭이를 어미의 품에서 떼어 내서 어둡고 좁은 상자에 가둬. 무섭고 외롭게 지낸 새끼 원숭이는 삶에 대한 의지를 잃고 우울증에 걸려. 우울증에 걸린 원숭이는 자랄수록 난폭해지고, 자기 새끼까지 공격해. 이 원숭이가 하는 행동을 관찰해서, 사람이 우울증에 걸리면 어떻게 되는지를 알 수 있다는 거야. 정말 그럴까? 원숭이를 연구한 내용을 사람에게 적용하려면, 적어도 똑같은 환경이어야지. 실험에 이용한 원숭이처럼, 사람이 태어나자마자 좁고 어두운 곳에 혼자 갇혀 사는 경우가 있을까? 그렇게 괴롭힘을 당한 원숭이를 사람과 같다고 생각하는 것이 맞을까? 괜히 원숭이만 괴롭히는 것이 아닐까?

무기의 성능을 실험하려고 동물 실험을 해. 총알을 맞은 사람, 방사능 공격을 받은 사람이 어떻게 되는지 알기 위해 개, 돼지에게 총을 쏘고 방사능에 오염시키고 화학 가스를 마시게 하지.

한국은 동물복제 기술이 가장 앞선 국가야. 비용이 많이 들지만, 죽은 반려견을 복제해서라도 더 오랫동안 함께 살고 싶은 사람들이 있어. 문제는 그들의 반려견을 복제하기 위해, 수많은 개가 실험에 희생된다는 거야.

동물 실험을 반대하는 사람이 많아지면서, 동물 실험을 하지 않는 제품들이 늘어나고 있어. 농촌진흥청은 농약이 얼마나 해로운지 알기 위해 1년 동안 개에게 농약을 먹이는 실험을 없앴어. (90일간 반복해서 개에게 농약을 먹이는 실험은 계속하고 있어.)

화장품 제조회사가 동물 실험을 하는 것도 금지되었어. 동물을 대신

할 대체실험법도 개발되고, 점점 많이 사용되고 있어. 사람의 세포조직을 키워서 실험에 이용하거나, 컴퓨터로 모의실험을 하는 기술이 발달하면, 굳이 동물로 실험하지 않아도 될 거야. 예전엔 자동차 충격 실험을, 차에 유인원을 태워서 했는데 지금은 사람 모형을 만들어서 하는 것처럼 말이야.

동물 대신 사람으로 실험하자는 것은 아니야. 하지만 꼭 필요한 동물 실험만 하고, 동물 실험을 할 때도 동물에게 고통을 덜 주도록 노력해야 해.

수염왕의 동물권리 노트

공장식 축산은 동물 학대다. 가축이라도 사는 동안은 고통을 받지 않아야 한다. 동물 실험을 대신할 기술을 발전시켜야 한다. 동물 실험은 동물 학대다.

(난 화장품도 동물 실험 안 한 화장품을 쓴다고! 내 뽀얀 피부의 비결이지.)

5 오직 나만을 위한 동물원

"역시 새로운 사업을 하는 건 피곤한 일이야."

수염왕은 팝콘을 가득 담은 바구니를 들고, 텔레비전 앞에 앉았어. 매주 방영하는 동물 다큐멘터리를 볼 시간이거든.

"일잘해 부장 말이 맞아. 돈을 벌기만 하고, 쓰지를 않으면 나라에 도움이 안 돼."

수염왕은 동물로 돈을 버는 일은 완전히 포기했어. 대신 정원을 동물원으로 꾸밀 계획이야.

수염왕은 다큐멘터리를 보며, 팝콘을 하나씩 입에 쏙쏙 던져 넣었어. 그러다 마음에 드는 동물이 나오면, 메모지에 동물 이름을 적었어.

"나처럼 위대한 사람에게 어울리는 동물이 뭘까? 조금 무섭기는 하지만, 동물의 왕 사자가 딱 맞지. 사자가 있으면 호랑이랑 북

극곰도 있어야지. 제일 큰 육상동물 코끼리…… 아냐, 코끼리 똥은 누가 치워? 음, 벨루가도 아주 귀엽던데. 참, 온난화 여사는 고릴라를 좋아하지?"

수염왕은 100개가 넘는 채널을 돌려서 다른 동물 다큐멘터리도 찾았어. 『제6의 대멸종』이라는 다큐멘터리가 방영되고 있었어. 사람 때문에 멸종 위기에 처한 동식물을 소개하는 다큐멘터리였어.

수염왕의 뇌세포가 반짝, 불을 밝혔어. '멸종 위기종=희귀하다=비싸다=수염왕에게 어울린다.'라는 공식이 동시에 떠올랐지.

수염왕은 동물 이름을 적었던 메모지를 획 넘기고, 새 장에 '멸종 위기 동물'이라 썼어. 고릴라, 판다, 시베리아 호랑이, 난쟁이 하마, 아무르표범, 침팬지, 일각고래, 스칼렛 마카우, 카카리키 앵무 등등을 적었어.

"그래, 위대한 수염왕의 동물원에는 흔한 동물은 필요 없지."

강하고 희귀하고 비싼 동물들을 가질 생각에 수염왕은 흥분됐어. 그래서 온난화 여사에게 자랑하려고 전화했어.

"온난화 여사, 고릴라를 좋아하죠?"

"―."

"큭큭. 내 그럴 줄 알았지. 그런데 고릴라는 어디에서 파오?"

"-? ---- ----?"

"아니, 그게 아니라, 내가 온난화 여사를 위해 고릴라를 사려고 하는 거요."

"----? ---- ---- - -, -- ----. --, - --!"

"아이코, 귀야! 고릴라를 괴롭히려는 게 아니라, 안전한 내 정원에서 키……."

"- --!"

"아, 알았소, 알았소. 부디 진정하시오. 이만 전화를 끊겠소."

수염왕은 황급히 전화를 끊었어. 잠깐 통화한 것뿐인데도 귀가 멍했어.

"온난화 여사가 동물원 고릴라는 보고 싶지 않다니 할 수 없지!"

수염왕은 실망했어.

수염왕은 메모지에 적힌 '고릴라' 위에 ×표를 하고 채널을 돌렸어. 오랑우탄이 마법사 분장을 하고서 자전거를 타고, 그 옆에서 판다가 농구공을 안고 앞구르기를 하는 방송이 나왔어.

"그래. 고릴라 대신 재주를 잘 부리는 오랑우탄을 사는 거야! 좋았어!"

그러고 보니, 수염왕이 왕이었을 때 중국에 초대받았던 일이 떠올랐어.

"에잇, 그때 판다를 선물해 달라고 조를걸. 그랬으면 판다를 사려고 돈을 내지 않아도 됐을 텐데……."

아쉽지만, 이미 지난 일이지. 하긴 왕이었을 때는 곰 사냥도 마음껏 했는데, 지금은 곰이 천연기념물이라나 뭐라나 하며 손도 못 대게 한다니까.

수염왕은 인터넷을 샅샅이 뒤져서, 야생동물을 대신 사 주는 회사를 찾았어. '세계의 사냥꾼'이라는 곳인데, '전 세계 어느 곳, 어떤 동물이라도, 반드시, 사로잡아 구매자님의 집 앞까지 안심 배송을 해 드립니다.'라는 회사 광고가 마음에 쏙 들었지.

신호음이 울리자마자, '세계의 사냥꾼'의 김 팀장이 전화를 받았어.

"내가 말이야, 자이언트 판다 2마리를 사고 싶은데 말이야, 얼마야?"

"판다는 가격이 문제가 아닙니다. 중국에서 판매 금지……."

"에이, 돈으로 안 되는 일이 있나?"

"흐흐흐. 돈을 얼마나 주시는지에 따라 다를 수도 있기도 하기도 하고요. 흐흐흐."

수염왕은 사고 싶은 동물 목록을 쭉 불러 줬어.

"두 달 뒤에 고객님의 대문을 두드리겠습니다. 물론 아시겠지만, 저희에게서 어떤 동물을 사는지는 절대, 절대 비밀입니다."

김 팀장이 수염왕에게 단단히 당부하고 전화를 끊었어.

'옆집의 샤밍 따위는 내 동물들과는 비교도 할 수 없을 거야. 옆집 아줌마가 또 샤밍을 자랑하면 호랑이를 풀어놓을 테다.'

수염왕은 가슴이 설렜어.

"크크크. 좋아, 아주 좋은 일이야."

수염왕은 한바탕 웃고 나서, 도서관에서 빌린 『멸종 위기 동물 사전』을 펼쳤어.

"오, 오, 오! 북부 흰코뿔소는 아주아주 희귀한 동물이군. 갖고 싶다."

수염왕은 동물 사진을 보고, 또 보고, 물 한 잔을 마시고 또 봤어. 지니 나라의 국보인 요술 램프와 나는 양탄자를 빼앗으려 전쟁까지 일으킨 수염왕이야.

"세바스찬, 오늘은 내가 바쁘구나. 정원에 만들 동물원을 설계해야 하거든."

"세바스찬, 지금은 안 된다. 산책은 다음으로 미루자꾸나."

"세바스찬, 어떻게 해야 북부 흰코뿔소를 가질 수 있을까?"

수염왕은 목표가 생기면 엄청나게 집중하거든. 수염왕은 회사도 쉬고, 세바스찬과 산책도 안 하고, 동물원을 만드는 일에 몰두했어.

드디어, 정원에 만들 동물원 설계를 끝냈어. 거울에 비친 자신을 보고, 수염왕은 화들짝 놀랐어. 판다처럼 눈 주위에 시커멓게 눈그늘이 생긴 거야.

"열심히 일한 당신, 더 열심히 일하라!"

수염왕은 주문한 동물들이 도착하기 전에, 동물 우리를 완성해야 해. 특히 벨루가가 살 수족관을 만드는 일은 시간이 오래 걸려. 공기를 넣고, 온도 조절하고, 물을 깨끗이 거르는 장치까지 있는 거대한 수족관을 만들 계획이거든.

벚꽃이 진 자리마다 맺힌 버찌가 불그스름해질 때쯤, 커다란 화물차가 수염왕 집 앞에 도착했어.

띵동띵동.

"고객님, 주문하신 시베리아 호랑이를 포함해서 야생동물 39마리를 배달하러 왔습니다."

'세계의 사냥꾼' 김 팀장이 동물들을 싣고 왔어.

수염왕은 문 열림 버튼을 누르고, 대문까지 달려갔어. 대문이 활짝 열리자, 화물차가 수염왕의 정원으로 들어왔어.

"오! 신기하다. 이 화물차는 변신 로봇 같구먼, 새 날개 같기도 하고."

수염왕이 화물칸 양옆이 위로 열리는 모습을 보며 감탄했어.

"윙바디라는 화물차죠. 특별히 저희 화물차 중에서 제일 새 차로 싣고 왔습니다."

김 팀장이 수염왕에게 말했어.

"다들 조심, 조심해서 상자를 내리라고."

김 팀장은 직원들에게 소리쳤어. 화물칸에는 크기가 제각각인 나무 상자가 가득했어.

직원들이 첫 번째 상자를 차에서 내려, '용맹한 호랑이 집'이라는 팻말이 붙은 우리 안으로 옮겼어. 상자의 한쪽 면에 밧줄을 묶어 잡아당기자, 상자가 열렸어. 아무 일도 일어나지 않았지. 하지만 직원이 상자를 발로 차자, 황금색 털에 검은 줄무늬가 화려한

시베리아 호랑이가 천천히 상자 밖으로 모습을 드러냈어.

"우와, 멋지다! 정말 나 수염왕과 호랑이는 너무나 잘 어울리는구나!"

수염왕은 좋아서 어쩔 줄을 몰랐어.

호랑이는 불안한 듯, 주변을 두리번거리며 천천히 우리 안을 어슬렁거렸어.

수염왕을 보며, 굵고 긴 꼬리라도 흔들어 주길 바랐지만 할 수 없지 뭐. 수염왕도 세바스찬에게 하듯이, 호랑이를 꾸짖거나 머리를 쓰다듬을 마음은 전혀 없거든.

'세계의 사냥꾼' 직원들이 동물이 담긴 상자를 차에서 차례차례 내렸어. 그런데 직원들 뒤로, 다이아몬드가 박힌 안경을 끼고 진주 목걸이를 목에 칭칭 감은 옆집 아주머니가 보였어. 아주머니는 두 손가락으로 안경다리를 꽉 잡은 채, 의심이 가득한 눈으로 수염왕의 정원을 살피고 있었어. 그러다 수염왕이랑 눈이 딱, 마주치자, 후다닥 자기 집으로 달려가 버렸어.

"푸하하하! 당신 개 따위는 내 호랑이와는 비교도 할 수 없지. 아, 내 동물원을 자랑할 수 없어서 아쉽군.

그래도 수염왕은 야생동물로 채워지는 동물원 우리를 보며, 아주 흐뭇했어.

 수염왕은 집에 동물원이 있어서 참 좋겠어요. 매일 다양한 야생동물을 볼 수 있잖아요.

수염왕은 희귀한 동물, 흔히 볼 수 없는 야생동물을 매일 봐서 좋을지 모르지만, 그 동물들은 어떨까? 나는 동물을 좋아하지만 동물원과 수족관은 좋아하지 않아. 동물원, 수족관에 사는 동물이 얼마나 괴로운지 알게 되었거든.

최초의 동물원은 기원전 3,500년쯤, 고대 이집트에 있었다고 해. 이집트 귀족들은 다른 지역의 동물을 얼마나 많이 가졌는지로 권력과 부를 과시했어.

동물원과 수족관에는 대부분 야생동물이 있지? 호랑이, 고릴라, 사자, 기린, 늑대, 펭귄, 돌고래, 물개, 상어 등이지. 야생동물은 말 그대로, 야생에서 사는 동물이야. 수십, 수백 제곱킬로미터나 되는 넓은 곳에서 먹을 것을 찾고, 무리를 지어 살던 야생동물을 따로 떼어서 좁은 우리에 가둔 곳이 동물원, 수족관이야.

동물원은 왜 필요할까? 동물원은 동물 보호와 서식지 보존에 대해 알려 주는 교육적인 곳이야. 동물원에서 화려한 색깔의 두루미를 봤는데, 안내판에 멸종 위기종이라고 설명이 적혀 있었어. 동네 개천에서 자주 보는 두루미와 다르게 생겨서 신기했고, 멸종 위기에 처해 있다니 안타까웠어. 하지만 두루미는 습지, 풀이 우거진 물가에서 물고기, 개구리 등을 잡아먹고 사는 동물인데, 우리 속에 갇힌 그 두루미는 모래를 뿌린 시멘트 바닥에서 살고 있어서 더 안타까웠지.

내가 본 두루미처럼, 동물원은 멸종 위기 동물을 보호하는 곳이기도 해. 북부 흰코뿔소는 2018년 현재, 전 세계에 2마리뿐이야. 그 2마리 모두 동물원에 있어. 호랑이도 야생에서 사는 호랑이보다 동물원이나 서커스단에 있는 호랑이가 더 많아. 동물원에 있는 동물은 사람이 음식, 살 곳을 주고, 병에 걸리지 않도록 보호해.

동물원은 멸종 위기에 처한 동물이 멸종되지 않도록, 번식을 시키는 일도 해. 멸종 위기 동물이 야생에서 산다면, 서식지가 파괴되어 살 곳을 잃거나 사냥을 당할 수도 있지. 하지만 전문 번식센터가 있으니, 굳이 동물원에서 멸종 위기 동물을 번식시킬 필요가 없다는 주장도 있어. 게다가 동물원에 갇힌 동물들은 스트레스를 많이 받아서인지, 출산 성공률이 낮고 어미가 새끼를 돌보지 않는 사례도 많아. 새끼가 건강하게 성장하는 예도 드물다고 해.

그리고 동물원은 동물을 연구하는 곳이야. 겉으로 봐서는 늑대와 개는 별 차이가 없어. 그런데도 늑대를 연구하는 건, 늑대가 야생에서 어떻게 사는지 알고 싶어서야. 하지만 동물원에서 태어난 늑대는 개와 별로 차이가 없어. 야생에서 살지 않는 동물원의 동물을 연구해서, 야생의 습성과 특징을 알 수 있을까? 침팬지 전문가 제인 구달이 동물원 대신, 침팬지 서식지로 들어가서 연구한 이유도 이 때문이야. (제인 구달이 침팬지가 도구를 사용한다는 사실을 발견했어. 그 전까지는 사람만 도구를 사용하는 줄 알았지.)

무엇보다 동물원은, 관람객에게 즐거움을 주는 곳이야. 그런데 관람객은 동물들이 얼마나 고통받는지 알까? 내가 초등학생 때, 동물원에서 고릴라를 봤어. 난 고릴라와 코끼리를 제일 좋아하기 때문에 잔뜩 신났지. 그런데 그때는 지금보다 동물원 환경이 나빴어. 한 면이 유리로 된 좁은 시멘트 방에 고릴라 1마리가 앉아 있었어. 반 친구들이 소리를 지르며 고릴라의 관심을 끌려고 애썼지만, 고릴라는 멍한 표정으로 천정만 보고 있었어. 난 고릴라가 너무 불쌍하고 왠지 미안했어.

코끼리도 마찬가지였어. 좁은 우리에서 계속 머리를 흔들며 안절부절못하는 코끼리를 보고, 난 미안했어. 야생 코끼리는 넓은 초원에서 사는데, 동물원 코끼리는 좁은 콘크리트 바닥에서 살아. 운동 부족이니 몸무게가 늘고, 딱딱한 콘크리트 바닥은 차갑고 습해. 그래서 발에 염증이 자주 생겨. 이 염증이 퍼져서 코끼리가 많이 죽기도 해.

유독 내가 좋아하는 고릴라와 코끼리만 동물원에서 고통스러운 것은 아닐 거야. 야생에서 가족들과 함께 살다, 하루아침에 사람에게 사로잡혀 좁은 동물원 우리에 혼자 갇히면 어떨까? 놀라고 두렵고 외롭고 힘들 거야. 처음 보는 구경꾼들이 둘러싸고 자기를 구경해. 소리를 지르고, 우리를 두드리는 사람도 있어서, 쉴 수도 없지.

동물원의 동물을 보며, 관객은 즐거워. 하지만 동물의 고통을 안다면, 누구라도 동물원에서 마냥 즐거울 수는 없을 거야.

사육사들이 동물을 좋아하고 잘 돌보는 것 같던데요. 정말 동물원의 동물이 고통스러울까요?

나도 사육사들이 동물을 좋아하고 최선을 다해서 돌볼 거라고 생각해. 동물을 좋아하지 않으면 그 힘든 일을 어떻게 하겠니. 동물도 사육사를 좋아하고 의지할 거라고 믿지. 동물원도 동물에게 잘 대해 주고 싶을 거야.

하지만 동물을 좋아하는 마음과 책임감으로 동물들을 돌보는 데는 한계가 있어. 동물원에 있는 북극곰이 어떻게 사는지 알아볼까?

북극곰은 돌고래, 바다코끼리와 마찬가지로 해양포유류야. 북극곰은 북극의 빙하 위를 돌아다니고 얼음 바다에서 헤엄치고 먹이를 사냥하지. 그런 북극곰이 따뜻한 곳에서 살면 어떨까? 북극의 찬 기운도 막는 빽빽한 털 때문에, 북극곰은 항상 뜨거운 사우나에 들어가 있는 기분일 거야.

무더운 남아메리카 동물원들에도 북극곰이 있었어. 동물 보호 단체와 시민들이 동물원 측에 항의했지만, 동물원 측은 비싸게 산 북극곰을 포기하지 않았어. 북극곰을 보러 오는 관람객도 많았지. 이 북극곰들은 더위에 지쳐 차례로 죽어갔어. 그리고 남아메리카 아르헨티나에 마지막 북극곰이 남았어. '세계에서 가장 슬픈 북극곰'이라 불렸지. 이 북극곰도 결국 죽었어. 그 뒤로 아르헨티나 동물원들은 다시는 북극곰을 데리고 오지 않기로 했어.

꽤 오래전 일이야. 한여름에 텔레비전에서 동물 프로그램을 보는데, 동물원에 사는 '북극곰의 여름 나기'가 나왔어. 사육사가 우리에 큰 얼음덩어리를 넣어 주고 얼린 과일도 줬어. 나는 물속에서 얼음덩어리를

털에 녹조가 낀 북극곰

안고 있는 북극곰들을 보며 웃었어. 북극곰들이 잘 지내는 줄만 알았지.
　한참이 지난 뒤, 동물원 북극곰들이 햇볕을 피할 곳도 없는 우리에서, 더위에 지쳐 바닥에 배를 깔고 누워 버린 모습을 봤어. 흰 털 속에 녹조가 자라서 녹색으로 변해 버린 북극곰을 보고 충격을 받았지. 이 북극곰들은 앞뒤로 왔다 갔다 하고 고개를 흔드는 동작을 반복했어. 이런 행동을 정형행동이라 하는데, 스트레스를 받으면 하는 행동이야.
　내가 봤던 북극곰은 3마리였는데, 현재는 용인 에버랜드에 단 1마리만 남았어. 통키라는 수컷 북극곰이야. 2018년 11월에 통키는 20년 넘게 살았던 동물원에서 은퇴하고, 영국 요크셔 야생공원으로 옮겨져. 요크셔 야생공원도 북극처럼 얼음으로 덮인 곳은 아니야. 하지만 그곳에서 통키는 사람들의 구경거리가 아니야. 마음껏 돌아다닐 수 있고 나무, 풀 냄새를 맡고 몸이 푹 잠기는 호수에서 헤엄치고 쉴 수 있을 거야. (안타깝게도 북극곰 통키는 2018년 10월 17일 에버랜드에서 세상을 떠났어.)

아르헨티나에서 살던 '세계에서 가장 슬픈 북극곰'이 죽었지만, 새롭게 '세계에서 가장 슬픈 북극곰'이라 불리는 북극곰이 있어. 중국 쇼핑몰 안에 있는 수족관에 전시된 '피자'라는 북극곰이야. 수족관이니 햇빛도 없고, 아주 좁은 전시실은 유리로 되어 있어. 관람객이 끊임없이 유리를 두드리고 플래시를 터트리며, 피자를 배경으로 사진을 찍어. 좁은 우리에선 몸을 숨길 곳도 없지.

피자는 전시실을 나가려고 문을 두드리고, 문 앞에서 밖을 하염없이 보고 있어. 유리창을 짚고 서서 울부짖기도 했지. 하지만 전시실 밖으로 나갈 수 없다는 것을 깨닫고는 바닥에 누워, 입만 뻐끔거리며 눈물을 흘렸어.

동물 보호 단체들이 피자의 사정을 알고, 피자를 구하러 나섰어. 영국 요크셔 야생공원은 피자를 자신들이 돌보겠다고 제안했어. 수십만

명이 이 제안에 찬성하는 서명을 했지. 하지만 수족관 측은 거절했어.

다행히 지금은 피자가 수족관을 벗어나 부모 곰과 함께 해양 동물원에 있어. 수족관을 수리하는 동안 피자를 해양 동물원에 보냈거든. 그런데 많은 사람이 항의해서인지 2018년 현재까지 수족관은 폐쇄된 상태야.

피자가 다시 좁은 수족관에 갇히지 않고, 가족과 함께 자유롭게 살도록, 계속 관심을 두어야 할 거야.

수염왕의 동물권리 노트

동물원과 수족관은 동물 보호와 서식지 보존에 대해 알려 주고, 멸종 위기 동물을 보호하고, 멸종 위기 동물을 번식을 시키고, 동물을 연구하고, 관람객에게 즐거움을 주는 곳이다.
동물원과 수족관에 갇힌 동물은 불행하다.
(내 동물원은 괜찮아. 난 야생동물을 아주 잘 대해 줄 거야.)

6 동물도 감정이 있나?

"엥? 너, 꼬마. 왜 남의 집 안을 기웃거려?"

야생동물을 숨기려고 대문을 닫으려다, 수염왕이 진욱이를 발견했어.

"안 기웃거렸는데요. 그냥 이 녀석이랑 산책하다 고개만 살짝 돌린 건데요."

진욱이는 거북과 함께였어.

"진짜? 그럼 내 정원에 있는 호, 아니지, 아무것도 못 본 거지?"

수염왕은 의심이 가득한 눈으로 진욱이를 노려봤어. 진욱이는 태연하게 수염왕을 보며 고개를 끄덕였어.

"그 거북은 또 뭐냐? 전에는 엄청 큰 앵무랑 다니더니……. 너도 취향이 참 특이하다."

"그 앵무는 할아버지가 키우셨고, 이 녀석은 증조할아버지가

키우시던 알 다브라라는 육지거북이에요. 치커리를 먹고 이틀 동안 자다가 오늘 깨서, 산책 나왔어요."

"알았어, 알았어. 얼른 가. 난 좀 바쁘거든."

수염왕은 대문을 쾅 닫았어.

다음 운송차가 도착했어. 새끼 사자와 오랑우탄, 침팬지, 난쟁이하마 등이 실려 있었어.

"오오오. 귀엽구나, 귀엽구나!"

수염왕은 나무 상자 문이 열리며 어린 야생동물이 나올 때마다, 두 주먹을 부들부들 떨고 어쩔 줄 몰랐어.

동물들을 우리에 다 넣자, '세계의 사냥꾼' 김 팀장이 수염왕에게 계산서를 건넸어.

"엥, 이게 뭐야? 전에 말한 금액보다 가격이 더 올랐잖아. 판다는 안 보이는데 왜 돈만 청구했어? 어? 가격을 5배나 올린 것도 있네? 이봐! 당신이 나, 수염왕의 기억력을 무시하나 본데, 난 5살 때 삼킨 하루살이 맛도 정확하게 기억하는 사람이야."

수염왕은 황금성 정원에서 더 놀겠다고 보모에게 안겨 떼를 쓰며 울다가, 그만 하루살이가 획, 입에 들어간 적이 있거든.

"고객님. 그런 말씀 마십시오. 제 연약한 가슴이 찢어질 듯 아

픕니다."

김 팀장이 두 손을 가슴에 올리며 고개를 저었어.

"침팬지는 실험동물로 많이 팔려서, 가격이 올랐고요. 판다는, 중국에서 아주 통통하고 귀여운 새끼 2마리를 샀는데, 그 무섭다는 공안경찰에게 '딱 걸렸어!'가 된 겁니다. 저라도 되니까 무사히 도망쳤지, 감옥에 끌려갈 뻔했습니다."

"그렇다고, 구하지도 못한 판다 값을 2배나 내라는 거야?"

"제가 반드시, 판다를 잡아 오겠습니다."

김 팀장이 약속했어.

"침팬지와 오랑우탄은 우리처럼 유인원입니다. 참 비슷하죠. 새끼 유인원은 아기처럼 약해서, 운반하는 동안 많이 죽죠. 5마리를 샀는데, 이 녀석만 살아남았습니다."

김 팀장이 새끼 오랑우탄을 수염왕에게 안겼어. 오랑우탄은 바들바들 떨며 불안한 듯, 계속 두리번거렸어.

"보세요. 상처 하나 없이, 깨끗합니다. 다섯 배 가격이 아깝지 않은 놈이죠."

수염왕은 김 팀장의 말은 귀에 들어오지 않았어. 수염왕의 품으로 파고드는 새끼 오랑우탄에게 마음을 폭 뺏겼지. 수염왕은

오랑우탄을 쓰다듬었어. 어느새 다른 새끼 동물들이 엉금엉금 다가와 수염왕의 다리에 매달렸어.

"아고, 귀여운 내 새끼들!"

새끼 동물들에 둘러싸여, 수염왕은 행복했어.

어둑해질 무렵, 동물을 우리로 다 옮겼어. '세계의 사냥꾼' 직원들이 돌아가고, 정원에는 수염왕만 남았어. 수염왕은 자신만의 동물원을 둘러봤어. 뿌듯했지.

저녁을 차리기 전에, 수염왕은 세바스찬에게 최고급 사료를 주었어. 세바스찬은 호랑이가 나타나자, 집 안으로 달아나서 개집 안에만 있었어. 지금은 정원이 보이는 거실 창문 앞에 코를 박고는 처음 보는 야생동물들을 예의주시하다가, 갑자기 위협하듯 요란하게 짖기를 반복했어. 수염왕이 옆에 있고, 창문이 막아 주니 호랑이도 무섭지 않은 거지.

수염왕은 저녁으로 꼬불꼬불면을 끓였어.

후후 불어서 한 입 넣으려는 순간, 동물들의 울음소리가 귀를 때렸어.

크릉크릉. 우에웨웩 우에웨웩. 어흥. 끼이야악 끼이야악. 쿵쿵. 미야옹미야옹.

자신이 개발한 꼬불꼬불면이 붙는 건 참을 수 없지만, 집을 울리는 '쿵쿵' 소리는 그냥 넘어갈 수 없지.

수염왕은 정원의 불을 다 켜고, 손에는 손전등을 들고 정원으로 나갔어. 갑자기 밝아지자, 동물들은 어두운 곳을 찾아 몸을 숨겼어.

수염왕은 쿵쿵하는 소리를 따라갔어. 소리는 톰슨가젤 3마리를 가둔 우리에서 났어. 수염왕이 다가가는데, 아주 크게 쿵! 하는 소리가 들렸어. 그리고 한순간에 정원이 조용해졌어. 수염왕은 머리카락이 쭈뼛 섰어.

수염왕은 손전등으로 우리 안을 비췄어. 암컷 톰슨가젤 2마리가 불빛을 피해 이리저리 펄쩍펄쩍 뛰어 달아났어. 그러고 보니, 수컷이 안 보였어. 수염왕은 손전등으로 우리 안을 찬찬히 훑어보았어.

수컷 톰슨가젤이 우리 모서리에 세운 쇠기둥에 아래 쓰러져 있었어. 가까이 다가가서 보니, 눈은 흰자위만 보이고 입에 거품을 뿜은 채, 사지를 부들부들 떨고 있었어.

수염왕은 당장, '세계의 사냥꾼'에 전화를 걸었어. 오늘 왔던 김 팀장이 전화를 받았어.

"쿵 소리가 나서 확인해 보니, 수컷 톰슨가젤이 쇠기둥 밑에 쓰러져 있어. 어떻게 해야 해?"

수컷 톰슨가젤은 결국 죽었어. 톰슨가젤이 죽은 걸 보니, 수염왕은 맘이 상했어. 입맛도 뚝 떨어졌지. 통화한 지, 30분쯤 지나 김 팀장이 작은 화물차를 몰고 와서, 쓰러진 톰슨가젤을 실었어. 김 팀장은 새 톰슨가젤을 배달해 주겠다고 약속했어.

수염왕이 대문을 닫으려는데, 아까 들렸던 미야옹미야옹하는 소리가 다시 들렸어. 수염왕은 담을 따라 살금살금 걸어서 소리를 쫓아갔어.

"또 너냐?"

진욱이었어. 진욱이 뒤에서 고양이 2마리가 얼굴을 내밀어 수염왕을 슥 보더니, 후다닥 흩어졌어.

진욱이가 엉거주춤 앞으로 나섰어.

"뒤에 숨긴 게 뭐야?"

수염왕이 진욱이가 몸으로 가린 것을 가리켰어. 작은 플라스틱 대야가 2개가 있었는데, 하나엔 고양이 사료, 또 하나엔 물이 담겼어.

"고양이한테 밥 주는 건데요. 저는 캣맘이에요."

"캐, 캣 맘……? 어미 고양이라고, 네가? 그게 뭔 소……, 아니지, 지금 그게 중요한 게 아니지. 네가 여기서 먹이를 주니까 온 동네 도둑고양이들이 내 집 정원에 들어와. 저놈들이 우리 세바스찬을 놀리고, 양쪽 뺨을 후려치기도 한다고! 당장 이거 치워! 그리고 다시는 도둑고양이에게 먹을 거를 주지 마."

수염왕이 발로 고양이 사료가 담긴 대야를 툭 쳤어.

"싫어요. 쟤들도 먹어야 살죠."

"고양이는 쥐를 잡아먹으며 살아야지, 왜 네가 주는 먹이를 먹어?"

"요즘엔 쥐가 없잖아요."

"쥐가 없으면 고양이도 필요가 없지. 굶어 죽든 말든, 왜 네 고양이도 아닌데 상관이야?"

"아저씨야말로, 아저씨가 먹이를 주는 것도 아니면서 왜 참견이세요? 이 길이 아저씨 것도 아니잖아요?"

"뭐, 뭐, 뭐라고?"

가뜩이나 톰슨가젤이 죽어서 기분이 나쁜데, 진욱이까지 말을 안 들으니 화가 치밀었어.

"동물도 살 권리가 있어요."

"동물 권리, 싫어! 그놈의 권리, 권리, 권리! 회사에선 노동자 권리, 학교에선 학생 인권, 이제 동물 권리까지 지켜 주라고?"

"아저씨도 세바스찬은 예뻐하시잖아요!"

"세바스찬은 저런 동물이 아니야! 내 친구이고 생명의 은인이야. 즉 이 꼬불꼬불나라의 은인인 셈이라고!"

수염왕은 휙, 몸을 돌려서 집으로 걸어갔어. 진욱이랑 더 얘기했다가는 점점 더 화가 치밀 것 같았거든.

"어두우니까 조심해서 얼른 집에 가!"

수염왕은 진욱이에게 퉁명스럽게 말한 다음, 쾅 하고 대문을 닫았어.

그런데 세바스찬이 보이지 않는 거야. 수염왕은 집 안을 다 찾고, 다시 정원으로 나왔어. 손전등으로 동물 우리를 하나하나 훑으며 세바스찬을 찾았어. 세바스찬은 새끼 동물들이 함께 있는 우리 속에 누워 있었어.

수염왕이 깜짝 놀라 외쳤어.

"세바스찬, 우리에 갇힌 거냐? 누가 그랬니?"

수염왕이 세바스찬에게 다가갔어. 그리고 흠칫 놀랐어.

누운 세바스찬을 새끼 사자·새끼 오랑우탄·새끼 침팬지 들이

둘러싸고 있었어. 새끼 침팬지는 세바스찬의 귀걸이를 물려고 애를 쓰고, 새끼 오랑우탄은 세바스찬의 목을 꼭 안고 있었어. 무엇보다 놀라운 건, 새끼 사자들이 서로 밀고 밀치며 세바스찬의 품에 파고드는 거였지.

"옴마나! 세바스찬, 너 암컷이었니?"

수염왕이 깜짝 놀랐어.

세바스찬은 수염왕을 힐끔 보더니, 새끼 사자의 엉덩이를 세심하게 핥아 주었어. 새끼 동물은 혼자 똥을 쌀 수 없어서 어미가 엉덩이를 핥아 줘야 하거든.

수염왕은 세바스찬을 우리에 남겨 두는 건 싫었지만, 새끼 동물들에게서 세바스찬을 떼어 내고 싶지도 않았어.

"별일이네, 별일이야."

수염왕은 고개를 흔들며 우리 문을 잠갔어.

 **야생동물이 어떻게 동물원까지 오게 되었나요?**

동물원 직원이 "사자 군, 돌고래 양. 함께 동물원과 수족관에 갑시다. 자, 이 비행기를 타세요."라고 말했을 리는 없지. 일단 말이 안 통했을 거고, 설령 말이 통했어도 야생동물은 분명히 '동물원행'을 거절했을 테니까. 여기에선 고릴라가 동물원에 오는 과정을 알아보자.

야생동물은 호랑이, 북극곰, 퓨마처럼 혼자 사는 동물도 있고 코끼리, 침팬지, 늑대처럼 무리 지어 사는 동물도 있어.

고릴라는 가족이 함께 살아. 새끼가 태어나면 이모와 언니들이 어미 고릴라를 도와 새끼를 함께 돌보지. 다 자란 수컷 고릴라들은 무리를 보호해. 다 자란 수컷 고릴라는 등의 털이 은색으로 변해서, 실버백(silverback)이라 불러. 고릴라는 고사리, 나무 열매 등을 먹는 초식동물이야. 성격도 온순하고 수줍음이 많대. 워낙 힘이 세기 때문에, 감히 고릴라에게 덤빌 동물이 없고, 싸울 일 없이 고릴라가 느긋하게 사는 거지.

하지만 사람이 새끼 고릴라를 사로잡으려고 할 때는 어떨까? 모든 고릴라가 새끼를 보호하려고 목숨을 걸고 싸워. 하지만 아무리 힘센 고릴라도 총을 이길 수는 없지. 결국 모든 고릴라를 다 죽이고 새끼 고릴

어린 고릴라

라를 사로잡아.

　새끼 고릴라는 눈앞에서 가족이 다 죽고, 자기는 가족을 죽인 사람에게 끌려가. 인간의 말을 알아들을 수 없으니 더 무서워. 작은 상자에 갇혀 차, 배, 비행기에 실려 며칠을 보내지. 그사이 새끼 고릴라는 충격과 공포에 질려서 먹지도, 자지도 못해. 그래서 이동하는 도중에 많이 죽어. 무사히 목적지에 도착해도 고통은 여전해. 가족을 죽인 사람과 같은 동물(사람)에게 둘러싸여 살아야 해. 그나마 동물원에 간 고릴라는 형편이 나은 편이야. 사육사가 정성껏 돌봐 주니까. 만약 실험실에 갔다면

묘기를 부리는 돌고래

더욱 고통스러웠겠지.

한국은 '잔인한 방법으로 사로잡는 국제적 멸종 위기 동물은 수입을 금지'하고 있어. '잔인한 방법'이란 덫, 작살을 이용하거나 소음을 이용해서 동물을 잡는 거야. 동물을 떼로 몰아서 잡아서도 안 되지. 그런데 멸종 위기 동물이 아닌 동물은 어떨까?

세계 여러 나라는 이제 고래를 잡지 않지만, 일본은 여전히 세계에서 고래를 가장 많이 잡는 나라야. 하지만 고래 사냥으로 고래가 멸종 위기에 처하자 이번엔 돌고래를 잡기 시작했어.

일본 다이지에서 잡은 돌고래를 다이지 돌고래라고 해. 다이지에서는 돌고래의 예민한 청각을 괴롭혀서 돌고래를 잡아. 어부들은 바닷물 속에서 망치로 쇠 파이프를 두드려서 소음을 만들어. 돌고래가 떼를 지어 소음을 피해 달아나지. 소음이 없는 곳은, 더는 달아나기 힘든 좁은 바다밖에 없어. 어부들이 돌고래 떼를 좁은 바다로 몰아넣는 거야. 그리고 작살과 쇠꼬챙이로 돌고래의 숨구멍을 찔러. 법으로 금지한 '잔인한 방법'을 다 이용해서 잡는 거야. 대부분은 돌고래 고기로 팔지만 1,000마리 정도는 사로잡아서 세계 여러 수족관에 팔아.

한국 국민의 70퍼센트가 고래 고기를 먹는 것에 반대하고, 수족관에 갇힌 돌고래를 바다로 돌려보내길 바란다고 해. 그런데도 한국은 돌고래를 가장 많이 수입하는 국가 중 하나야. 울산 수족관에 있던 다이지 돌고래들이 닷새 만에 죽었어. 그런데도 부산시에서 또 다이지 돌고래를 수입하려고 했어. 그러자 동물 보호 단체와 시민들이 부산시에 항의했고, 결국 다이지 돌고래 수입을 막을 수 있었지.

2013년 서울대공원은 돌고래쇼를 하던 남방큰돌고래 제돌이와 다른 2마리를 고향인 제주도 바다에 돌려보냈어. 돌고래를 좁은 수족관에 가둬서는 안 된다는 시민들의 의견을 서울시가 받아들인 거야. 그 뒤에도 쇼를 하던 돌고래들을 바다로 돌려보내는 일이 계속되고 있지. 남방큰

돌고래는 제주도에서만 발견되는 멸종 위기 동물이야.

바다로 돌려보낸 7마리 돌고래 중에 3마리가 새끼를 출산했어. 동물원에 살던 돌고래가 바다로 돌아가 새끼를 낳은 것은 한국이 유일하다고 해.

제가 혼을 내면, 저희 쪼꼬는 겁에 질려서 눈치를 봐요. 다른 동물도 감정이 있고 고통도 느끼겠죠?

17~18세기 유럽에, 마음(정신)은 사람만 있는 거라고 믿는 사람들이 있었어. 그들은, 동물은 마음이 없으니 고통도 느끼지 않는다고 주장했지. 하지만 정말 그럴까?

동물은 생각하는 능력이 있어. 침팬지는 가는 막대를 개미집에 넣어 개미를 잡아먹고, 일본원숭이는 흙 묻은 고구마를 물에 씻어 먹지. 사람의 말과는 다르지만, 서로 의사소통도 해. 버빗 원숭이는 표범, 독수리, 뱀을 발견했을 때 동료에게 보내는 경고음이 다 다르대. 친구들도 꿀벌이 춤으로 의사소통을 한다는 것을 알지?

 그 밖에도 동물이 생각하고 느낀다는 사실을 보여 주는 사례는 많아. 오스트레일리아 야생동물보호 회원들이 다친 돌고래를 구조했어. 치료하는 동안 돌고래에게 꼬리로 걷는 법을 가르쳤지. 그 뒤 돌고래를 바다에 풀어 줬는데, 어느 날 보니 그 돌고래가 다른 돌고래들에게 꼬리로 걷는 법을 가르치고 있더래.

 이런 일도 있어. 서커스 조련사가 원숭이 3마리에게 자전거 타기를 가르쳤어. 1마리가 자전거를 타지 않으려고 하자, 조련사가 회초리로 그 원숭이를 때린 거야. 그랬더니 옆에 있던 원숭이들이 회초리를 뺏어서 조련사를 때렸어. 회초리가 부러질 때까지 말이야.

 코끼리는 자신과 가족을 괴롭힌 사람을 오랫동안 기억해. 그래서 수십 년이 지나더라도 그 사람을 만나면 복수한다지.

 동물에게는 다른 동물을 불쌍하게 여기는 마음, 보호하려는 책임감도 있어. 미국 동물원에서 3살 아기가 고릴라 우리에 떨어진 사건이 있었어. 그때 빈티 주아라는 암컷 고릴라가 쓰러진 아기에게 다가갔어. 사람들은 빈티 주아가 아기를 해칠까 두려웠어. 그런데 빈티 주아는 다른 고릴라들이 아기에게 다가오지 못하게 막더니, 조심스럽게 아기를 안았어. 그러고는 우리 문 앞에 내려놓았어. 고릴라 사육사들이 아기를 우리에서 데리고 나왔지. 아기는 다친 데 없이 무사했어.

　기사에서 본 내용인데, 어떤 마을에서 짐을 나르던 당나귀가 늙어서 더 일을 시킬 수 없었대. 그런데 사냥꾼들이 늑대를 사로잡은 거야. 사냥꾼들은 쓸모없어진 늙은 당나귀를 늑대 우리에 먹이로 넣어 주었어. 한 우리에 갇힌 당나귀와 늑대는 서로 마주 보았어. 그런데 놀라운 일이 벌어진 거야. 당나귀가 천천히 늑대에게 다가가서 머리를 내밀었어. 사람에게 잡혀서, 놀란 늑대를 안심하게 하고, 보호하려는 모습이었지. 늑대도 자기를 구경하는 사람들을 피해, 당나귀 뒤에 숨었어. 불안해하던 늑대는, 당나귀 옆에서 안심하는 표정을 지었어.

　이 외에도 동물들이 지능이 있고 감정을 느낀다는 사실을 보여 주는 사례는 참 많아. 사람의 말을 배우는 앵무새도 있고, 지금은 비가 안 오는데도 비가 올 것을 대비해서 미리 짚을 모으는 침팬지도 있어. 미래를 예상하고 미리 준비하는 거야. 물에 빠진 생쥐에게 나뭇잎을 내밀어서 구해 준 오랑우탄도 있지.

　동물을 무시하는 사람을 볼 때마다 떠오르는 일화가 있어. 제인 구달이 동물 실험을 하는 연구소에 갔을 때야. 좁은 우리에 갇혀 오랫동안 고통스러운 실험에 이용되는 침팬지를 보며 제인 구달이 눈물을 흘렸어. 그러자 그 침팬지가 제인 구달을 한참 쳐다보더니, 다가와서 눈물을 닦아 주었어. 사람에게 고통을 당하는 동물도 사람을 위로하는데, 우리는 동물을 어떻게 대하고 있을까?

수염왕의 동물권리 노트

동물도 사람처럼, 생각할 능력이 있고 다양한 감정을 느낀다.
동물도 사람처럼, 행복하게 살 권리가 있다.
사람은 동물을 보호할 힘이 있다.
(나의 세바스찬은 생각하고 감정을 느껴. 그건 명백한 사실이야.)

7
세바스찬, 세바스찬!

"사장이라도 죽었대? 왜, 아침부터 한숨이야?"

수염왕이 사장실 문을 벌컥 열며, 소리 질렀어.

성실해가 손등으로 황급히 눈물을 훔쳤어.

"얼씨구! 회사에서 울기까지 했어, 그것도 신성한 사장실 앞에서?"

"죄송해요, 울어서."

"그거 뭐야? 이리 가져와!"

수염왕이 성실해에게 손가락을 까딱였어. 성실해가 잽싸게 숨긴다고 숨겼지만, 수염왕의 매의 눈에 딱 걸린 거지.

수염왕은 성실해의 손에서 신문을 낚아챘어. '만취해 이웃집 반려견 훔쳐 학대한 이웃'이라는 기사가 눈에 뜨였어. 제목만 읽어도, 황당하고 괘씸한 내용을 알 수 있었지.

"술에 취해서 이웃이 애지중지하는 반려견을 때리다니, 정말 너무해요."

어느새 다가온 성실해가 콧물을 훌쩍였어.

"사장님과 개 사육장에 간 적 있잖아요. 혹시 그 개들도 남의 반려견을 훔친 걸지도……."

"나 참. 남의 개 걱정을 하느라 눈물까지 질질 짜고……. 정신 차리고 일해!"

수염왕은 성실해 책상에 신문을 휙 던지고, 사장실로 들어갔어.

'한 주를 시작하는 월요일 아침부터, 일은 안 하고 말이야, 뭔 개를 걱정하고 있어?'

수염왕은 폭신한 의자에 앉았어. 그러고는 일을 잔뜩 만들어서 성실해 비서를 눈코 뜰 새 없이 바쁘게 해야겠다고 결정했지.

그런데 정작, 수염왕이 일하기 싫었어. 열심히 일할 때는 일이 참 재밌었는데, 차츰 게으름을 피우다 보니, 슬슬 일이 재미없고 따분해지더라고.

수염왕은 벽에 붙인 사훈을 힐끗 보았어. '성실하고 근면하게, 열심히 일하는 직원이 애국자다.'라는 사훈이야. 수염왕은 의자

에 앉은 채, 발끝으로 슬금슬금 의자 바퀴를 밀어서, 사훈이 안 보이는 곳으로 이동했어. 그리고 심심할 때마다 하는 일, '왕좌의 모임' 회원들에게 장난 문자를 보냈어. '왕좌의 모임'은 왕들의 모임이야. 이제 수염왕은 왕이 아니라서, 회원 자격이 없어. 자기는 왕의 자리에서 쫓겨났는데, 여전히 국민의 사랑을 받으며 왕의 자리에 있는 이웃나라 왕들이 부럽고 배 아팠지. 그래서 시간이 날 때마다, 왕들에게 '바보왕', '거지왕', '왕 자리에서 쫓겨나길 바란다.' 등등의 문자 메시지를 보냈어.

수염왕은 제일 얄미운 슬그머니나라의 왕에게, '뒤로 넘어져도 코가 깨지기 바란다.'라고 문자 메시지를 보냈어. 큭큭, 고 얄미운 왕이 난리를 치겠지? 수염왕은, 성실해가 듣지 못하게 입을 막고 웃었어. 그때 딩동, 문자 메시지가 도착했다는 알림 벨이 울렸어.

"뭐지?"

수염왕이 메시지를 확인했어.

이 편지는 영국에서 최초로 시작되어…… 4일 안에 똑같은 편지 7통을 행운이 필요한 사람에게 보내지 않으면 불행이…….

"뭐야? 이게 소문으로만 듣던 '행운의 편지', 아니지 요즘은 '행운의 문자'라고 하지? 암튼 나흘 동안 7명에게 7통을 직접 써서

보내지 않으면 불행이 온다는 그 공포의 문자잖아. 어떤 놈이 이 딴 걸 내게 보냈어?"

문자를 보낸 사람을 확인하니, 붉은꽃나라의 장미꽃 여왕이 보낸 거였어.

딩동, 딩동, 딩동, 곧바로 알림 벨이 연이어 울렸어. 검은진주나라의 흙진주 왕, 길고긴나라의 세로줄 왕 등, 수염왕이 문자 메시지를 보낸 7명의 왕 모두가 수염왕에게 '행운의 문자'를 보냈어.

수염왕은 얼굴이 붉으락푸르락해졌어. 하지만 휴우, 하고 깊게 숨을 들이마시다, 훅 하고 짧고 굵게 숨을 내쉬기를 반복했어. 마음이 살짝 진정이 되었어.

"괜찮아. 난 할 수 있어."

수염왕이 중얼거렸어. 퇴근하기 전에 행운의 문자를 보내려면 서둘러야 했어. 수염왕은 자판을 누르는 속도가 아주 느리거든.

행운의 문자, 48통을 보내고 나니, 어느새 퇴근 시간이야. 빨리 집에 가서 비싼 야생동물을 보고 싶었어.

수염왕은 문자를 보내느라 따끔거리는 눈을 비볐어.

"1통쯤 안 보내도 되겠지?"

"세바스찬, 수염왕 님 오셨다."

수염왕이 현관에 들어서며, 세바스찬을 불렀어. 평소 같으면 수염왕이 현관문을 열기도 전에, 세바스찬이 현관 앞에서 꼬리를 살랑이며 반겼을 거야.

"세바스찬. 세바스찬."

수염왕은 거실, 주방, 안방, 책은 없는 서재, 손님방 3개와 욕실 3개를 다 찾아봤어.

"세바스찬, 세바스찬, 세바스찬! 혹시 암컷이라 놀려서 삐진 것이냐? 내가 잘못했다, 용서해라."

수염왕은 정원으로 나가서, 새끼 동물들이 있는 우리로 달려갔어. 어젯밤처럼 세바스찬이 새끼 동물들과 놀고 있을지도 모르잖아. 하지만 그 우리에도 세바스찬은 없었어. 새끼 동물들만 서로 뒤엉켜 장난을 치고 있었지.

호랑이에게 잡아먹힌 거 아냐? 그렇지 않고서야 수증기처럼 사라져 버릴 수가 없잖아. 수염왕은 애가 타서 눈물이 찔끔찔끔 났어. 다행히 호랑이 우리의 문은 자물쇠로 단단히 잠겨 있었어. 세바스찬이 들어가지도, 호랑이가 나오지도 못했을 게 분명했지.

세바스찬을 찾는 사이, 어스름했던 날이 완전히 어두워졌어. 수염왕은 길로 나왔어.

"맞아!"

수염왕이 손뼉을 쳤어. 퇴근했을 때 대문이 열려 있던 게 기억 났어. 혹시 수족관 공사를 한 인부들이 대문을 안 닫고 간 것은 아닐까? 그래서 세바스찬이 혼자 공원으로 산책하러 간 건 아닐까, 싶었어.

"세바스찬. 세바스찬. 세바스찬."

수염왕은 목이 터져라 세바스찬을 불렀어. 늘 가던 공원이 오늘따라 멀게만 느껴졌어.

"세바스찬이 없어졌어요?"

어디서 왔는지, 어느 틈에 진욱이가 수염왕 옆에 있었어.

수염왕은 겨우 고개만 끄덕였어.

"제가 도울게요. 같이 세바스찬을 찾아요."

두 사람은 공원에서 반대 방향으로 흩어져 세바스찬을 찾았어. 하지만 어디에도 세바스찬은 보이지 않았어.

"경찰 아저씨한테 신고할까요?"

진욱이가 공원 맞은편에 있는 경찰 지구대를 가리켰어.

"동물보호 관리 시스템에 반려견을 등록하셨어요?"

앳돼 보이는 순경이 물었어.

"그게 뭔데?"

"동물보호 관리 시스템은 유기 동물을 보호하고, 주인을 찾을 수 있도록 돕는 곳이죠. 혹시 키우시던 반려견의 사진이 있으시면, 제가 분실 신고를 해 드리겠습니다."

"분실 신고라니까, 세바스찬이 물건 같네."

수염왕이 지갑에서 세바스찬 사진을 꺼내, 순경에게 건넸어. 수염왕에게 악수하자고 앞발을 들고 있는 사진이야. 순경이 휴대 전화로 사진을 찍다 말고, 사진을 뚫어지게 살폈어.

"이거 금귀고리인가요?"

순경이 사진 속 세바스찬의 귀걸이를 가리켰어.

"응. 루비, 다이아몬드를 박은 금귀걸이랑 금목걸이야. 내가 돈이 아주 많거든."

수염왕이 팽, 눈물 같은 콧물을 풀었어.

"세바스찬은 열한 살이고, 귀가 축 처졌어. '세바스찬' 하고 부르면, 자면서도 꼬리를 살랑살랑 흔들지. 피부병 때문에 등이랑 귀 뒤쪽 털이 좀 빠졌고, 살짝 절룩거려. 엉덩이뼈가 아프거든."

수염왕은 세바스찬의 모습을 설명했어.

순경은 수염왕의 설명을 들으며, 동물보호 관리 시스템에 분실

신고를 했어. 그러면서도 어두운 표정으로 고개를 갸웃했어.

"왜, 왜, 왜, 도대체 왜 자꾸 사진을 힐끔거려? 왜 표정이 그렇게 어둡냐고?"

수염왕은 순경의 표정을 살피다가, 결국 소리를 질렀어.

"어쩌면, 이 비싼 귀금속을 노린 사람이 선생님의 개를 납치했을 수도 있겠습니다."

"뭐, 납치……? 내 세바스찬이 납치……?"

수염왕은 멍해졌어. 내가 화려하게 꾸며 줘서 세바스찬이 납치된 거야?

"그럼, 나 때문에 ……?"

"확실한 건 아닙니다. 저희가 최선을 다해서 찾겠습니다."

순경이 수염왕을 위로했어. 진욱이도 수염왕의 떨고 있는 손을 살짝 잡았어.

"귀금속 따위는 찾지도 마. 납치범이, 그 나쁜 놈이 귀금속만 가져가고, 세바스찬은 돌려줄 수도 있잖아. 그렇지, 그렇지?"

수염왕은 경찰 지구대를 나와, 계단에 주저앉아 버렸어. 진욱이도 수염왕 옆에 쪼그리고 앉았어.

"오, 세바스찬!"

"세바스찬은 늙어서 팔지도 못할 거예요. 그러니까 분명히 다시 만날 수 있을 거예요."

"세바스찬을 판다고? 안 돼! 세바스찬은 물건이 아니야, 내 가족이야! 오, 세바스찬, 제발 무사하기만 해다오!"

수염왕은 무릎에 얼굴을 묻고 울음을 터뜨렸어. 왕의 자리에서 쫓겨났을 때도 화는 났지만, 슬프지는 않았어. 울지도 않았지.

"어흑, 어쩌면 좋으냐, 세바스찬!"

수염왕은 어쩔 줄 몰랐어.

 저와 가족, 친구들은 동물을 좋아해요. 정말로 동물을 학대하는 사람이 있을까요?

많은 사람이 동물을 좋아하고, 동물이 고통을 당하지 않길 바랄 거야. 동물 보호 운동에 나서는 사람도 있고, 동물을 보호하려고 불편과 위험을 무릅쓰는 사람도 있어. 하지만 비록 소수일지라도, 동물의 고통에 공감하지 못하는 사람도 있고, 동물에게 고통을 주려는 사람도 있지. 그리고 우리도 생각보다 쉽게, 자주 동물에게 고통을 주고 있어.

한국은 커피를 많이 수입하는 나라야. 커피 중에 가장 비싼 커피가 루왁 커피야. 루왁은 인도네시아의 몇몇 지방에 사는 사향고양이를 부르는 말이야. 밀림에서 사는 희귀한 동물이지. 커피는 커피 열매 속에 든 씨앗이야.

루왁은 커피 열매를 먹고 씨앗은 배설해. 이 씨앗은 루왁의 뱃속에서 소화되는 동안 살짝 발효되지. 그래서 맛이 부드럽고 독특한 향이 난다고 해. 루왁의 똥으로 나온 커피 씨앗을 씻어 말리고 볶은 것이 루왁 커피야.

루왁 커피가 비싸게 팔리자, 인도네시아, 말레이시아, 베트남 등에선

루왁(사향고양이)이 싼 똥, 루왁 커피의 재료

    루왁 농장이 생겼어. 루왁을 잡아 가두고, 커피 열매만 먹이지. 루왁은 커피 열매뿐 아니다 다양한 열매와 곤충, 작은 파충류 등을 먹는 잡식성 동물인데, 농장에선 커피 열매만 먹으니 영양실조에 걸려. 농장 주인이 루왁에게 먹이는 커피 열매도 질이 낮은 거야. 그래서 루왁 농장에서 생산한 루왁커피는 질이 좋지 않다고 해.
    중국 고급 요리인 샥스핀 스프는 상어 지느러미로 만들어. 조사 기관마다 발표한 숫자가 다르지만, 1년에 수백 마리에서 1억 마리의 상어가 지느러미 때문에 죽고 있어. 샥스핀은 음식, 상어연골은 영양제와 약,

갇혀 있는 루왁(사향고양이)

상어 간 기름은 화장품과 약으로 사용하지. 상어 턱을 장식물로 전시하는 사람도 있대.

아시아권에서는 개를 먹는 문화도 있지. 예로부터 우리나라 사람은 거의 채식주의자였어. 1년 중에 무척 더운 며칠만 고기를 먹었지. 보신탕은 오랫동안 이어진 음식 문화라는 의견이 있지만, 우리나라는 2017년에 대통령이 개고기 산업을 폐지하겠다고 선언했어.

'스페인' 하면 떠오르는 투우는 유럽 몇몇 국가의 전통 스포츠야. 투우에 이용되어 죽는 소가 1년 동안에 25만 마리 정도라고 해.

불붙은 링을 통과하는 호랑이

 그 외에도 동물 학대는 많아. 서커스에서 묘기를 부리는 동물을 보면 참 신기하고 재밌어. 하지만 동물이 그 묘기를 배우기까지 얼마나 고통스러울지 생각해 봤니? 불은 모든 동물이 두려워하지. 나라면 절대 불 속으로 뛰어들지 못할 거야. 그런데 불이 붙은 링을 호랑이가 통과해. 불이 무서운 마음보다, 조련사의 채찍이 더 두려웠을 거야.
 관광객을 태우고, 묘기를 부리는 코끼리도 마찬가지야. 조련사는 코끼리의 반항심을 없애려고 작은 상자에 코끼리를 가두고 굶겨. 그래도 반항하면, 쇠꼬챙이로 찌르지. 새끼 코끼리가 쓰러질 때까지 이 일이 반

묘기 부리는 어린 코끼리

복되고, 결국 새끼 코끼리가 조련사에게 복종하게 돼. 우리는 그렇게 훈련받은 코끼리를 타고, 그런 코끼리가 부리는 묘기를 보는 거야.

    내가 본 텔레비전 프로그램 중에 가장 끔찍했던 내용은, 새로운 사업이라며 곰 농장을 소개한 거야. 좁은 철창에 곰을 가두고 배에 구멍을 뚫어 호스를 끼운 뒤 쓸개즙을 뽑아내는 거였어.

오래전부터 중국, 한국 등에서는 곰쓸개를 한약재로 사용했어. 쓸개는 간에서 만든 소화효소를 보관하는 기관이야. 그런데 곰쓸개를 구하기 어려우니, 대신 쓸개즙을 파는 거지. 지금도 중국, 한국에는 이런 곰 농장이 있어. 한국인이 쓸개즙을 가장 많이 산다고 해.

동물보호 단체가 중국의 불법 곰 농장에 갔을 때 일이야. 그곳의 곰들은 쓸개즙을 더 쉽게 뽑아내기 위해 만들어진 쇠 조끼를 입고, 곰 몸에 딱 맞는 우리에 눕혀진 채 갇혀 있었어. 단체 회원들이 비참한 모습에 경악하고 있는데, 우리에 갇힌 곰이 철창 사이로 앞발을 내밀어, 한 회원의 손을 잡았다고 해.

우리가 고통당하는 곰을 구출할 수는 없지만 곰의 쓸개즙을 사지 않을 수는 있어. 고통받는 루왁(사향고양이)을 구할 수 없지만 루왁 커피를 마시지 않으면 루왁 농장은 사라질 거야. 동물로 실험한 제품을 사지 않으면, 실험으로 고통받는 동물도 줄어들 거야. 서커스 동물을 탈출시킬 수도 없지만, 서커스를 보지 않을 수는 있지. 그러면 묘기를 부릴 동물이 필요하지 않을 테니까.

 수염왕이 세바스찬을 잃어버린 것을 보니, 저도 쪼꼬를 잃어버릴까 걱정이 돼요. 반려동물을 잃어버리지 않는 방법이 있나요?

반려동물이 사라지면, 걱정이 이만저만 아니지. 길을 잃었나, 납치를 당했나, 혹시 교통사고를 당한 건 아닐까, 걱정되지.

유기 동물이란, 주인이 실수로 잃어버리거나 버려진 반려동물을 말해. 2017년 한 해만, 한국에서 반려동물 10만 2,593마리가 유기되었어. 조사되지 않은 유기 동물도 있을 테니 실제로는 더 많은 반려동물이 주인을 잃었을 거야.

반려동물을 잃어버린 이유는 의외로 단순해. 문을 제대로 닫지 않아서, 열린 문틈으로 반려동물이 집을 나갈 수 있어. 반려동물이 가출하려던 건 아니지만 호기심이 많았던 거지. 함께 외출했다가 반려동물을 잃을 수도 있어. 목줄을 하지 않았거나 목줄이 풀렸을 때, 반려동물이 달려가 버리면 잡기 어려워. 교통사고를 당할 수도 있고. 그러니 문단속을 잘 하고, 외출할 때는 목줄이나 가슴줄을 매야 반려동물을 잃어버리지 않아.

반려동물을 잃어버릴 경우를 대비하는 것도 잊지 마. 한국은 2014년, 동물등록제를 전국으로 확대해서 시행하고 있어. 동물등록제는 태어난 지 석 달이 지난 개를 시·군·구청에 등록하는 제도야. 반려동물 몸에 소유주의 이름, 전화번호, 동물등록번호 등을 넣은 마이크로칩을 넣거나 등록 인식표를 만들어서 반려동물에게 붙이는 거야. 등록된 동물은 시·군·구청에서 동물등록증을 보내 줘. 참, 고양이도 등록해야 하는 지역도 있어.

동물등록제를 하는 이유는 뭘까? 등록된 동물이 보호받지 못하는 상태일 때, 등록된 정보를 보고 주인을 쉽게 찾아 주기 위해서야.

농림축산식품부는 동물보호 관리 시스템(animal.go.kr)이란 홈페이지도 만들었어. 동물보호 관리 시스템에는 등록된 동물과 전국에서 발견된 유기 동물, 각 유기 동물 보호소에서 보호하는 유기 동물의 정보를 볼 수 있어. 동물을 등록하지 않으면 과태료를 내야 하는데도, 동물등록이 된 반려견은 많지 않아.

반려동물의 전신사진도 미리 찍어 둬. 가끔 엘리베이터 안내판이나 전봇대에 유기 동물을 찾는 전단이 붙어 있지? 전단에 반려동물의 전신사진이 있어서, 그 동물을 발견한 사람이 알아볼 수 있게 해야 해.

반려동물을 잃어버린 게 아니라, 주인이 버리는 사례도 있어. 이런 사람은 동물보호법에 따라 300만 원 이하의 과태료를 내야 하지.

늑대가 반려견이 된 과정을 기억하니? 사람은, 사람에게 복종하는 순한 늑대만 골라서 개로 키웠어. 사람이 개를 혼자 살 능력이 없게 만든 거야. 주인을 잃은 유기 동물은 위험에 처해. 교통사고를 당할 수도 있고, 주인 없는 동물을 데려다가 때리고 괴롭히는 사람을 만날 수도 있지. 유기 동물을 모으기만 하고 제대로 보살피지 않는 수집가(애니멀 호더라고 해.)도 있어.

2018년에는 고양이를 싫어하는 사람이 8년 동안, 길고양이 1,000여 마리를 죽인 사건이 있었어.

2018년엔 1달 동안 발견된 유기 동물만 1만 마리가 넘어. 우리가 잃어버리거나 버린 반려동물, 우리가 못 본 척한 유기 동물에 어떤 결말이 기다리는지는 뒤에서 다시 알아볼 거야.

수염왕의 동물권리 노트

모르는 사이에, 우리도 동물을 학대했을 수 있다.
등록된 동물은 '잃어버린 주인'을 찾는다.
(오, 세바스찬, 세바스찬! 동물등록을 하지 않은 내가 나쁘다.)

8
유기 동물 보호소가 뭐 하는 곳이야?

"사장님, 좀 쉬세요. 이러다 병나시겠어요."

성실해가 수염왕에게 홍삼즙을 건넸어.

"아냐, 우리 세바스찬이 어디서 맞고 있을지도 모르는데······."

수염왕이 한숨을 푹 쉬었어. 세바스찬에게 잘해 준 건 하나도 안 떠오르고, 세바스찬을 놀리거나 귀찮아했던 일만 떠올랐어. 의지할 가족도, 돈도 없어서 다리 밑에서 살았을 때부터 세바스찬이 수염왕 곁에 있었어. 콧물도 얼어붙은 추운 겨울, 감옥에서 나왔을 때도 세바스찬은 다리 밑에서 수염왕을 기다렸지. 그뿐인가? 세바스찬은 마지막 남은 왕실 반지를 잘 숨겨 두었어.

수염왕 앞에 그 반지를 내놓으며 꼬리를 살랑살랑 흔들던, 눈곱 끼고 털이 뭉치고 냄새나던 세바스찬의 모습이 자꾸만 떠올랐어. 왕실 반지를 팔아, 왕수염 회사를 시작했지.

"동물원을 만든다고, 세바스찬이랑 놀아 주지도 않았어."

수염왕은 고개를 숙였어.

"전단은 다 나눠 줬습니다."

일잘해 부장이 얼굴에 난 땀을 닦았어. 옷도 땀에 흠뻑 젖어 있었어.

수염왕은 전단을 돌리고, 플래카드를 만들어 사방에 걸었어. 세바스찬에게 현상금도 걸었어. 하지만 현상금을 5배로 올려도 세바스찬은 찾을 수 없었어. 그렇게 열하루가 지났어.

"아저씨를 기다리고 있었어요."

진욱이가 수염왕을 불렀어.

"혹시 동물보호 관리 시스템에서 세바스찬을 찾아보셨어요?"

"아니. 전에 순경이 동물보호 관리 시스템에 분실 신고는 해 줬지. 아, 맞다!"

수염왕 눈이 반짝였어. 다시 희망이 생겼어.

"동물보호 관리 시스템은 어디 있어? 내가 직접 가서 세바스찬을 찾아봐야겠다."

"동물보호 관리 시스템은 홈페이지예요."

"그래? 너, 시간 있으면 나 좀 도와다오."

수염왕은 진욱이와 함께 집에 들어오자마자, 컴퓨터를 켰어.

진욱이가 동물보호 관리 시스템 홈페이지를 열었어. 전국의 동물보호시설에서 보호 중인 유기 동물들을 볼 수 있었어.

"한 달 동안 우리나라에서 잃어버린 동물이 이렇게나 많단 말이야? 믿을 수가 없군."

수염왕은 보호시설에 맡겨진 유기 동물 사진에서 눈을 떼지 못했어.

"잃어버린 동물도 있지만, 주인에게 버려진 동물도 많을 거예요."

진욱이가 세바스찬과 비슷해 보이는 사진들을 클릭해서 확대했어.

"이, 이, 이 사진. 이 사진 속에 개가 우리 세바스찬 같구나."

수염왕이, 진욱이가 화면에 띄운 사진을 손가락으로 짚었어. 사진 속 유기견은 잔뜩 겁을 먹은 채, 현관문 앞에 묶여 있어.

"잘 봐. 믹스견이라고 쓰여 있잖아. 그리고 축 처진 귀, 똥색 털, 까만 코, 다리 넷, 꼬리 하나! 분명 우리 세바스찬이야."

"이 유기견은 암컷이라는데……."

진욱이가 수염왕의 눈치를 보며 중얼거렸어.

"세바스찬이 암컷일지도 몰라. 새끼 동물들을 얼마나 예뻐했는데. 모성애가 있던 거지."

수염왕은 흥분해서 두 손을 마구 비비적거렸어.

"어쩌면 이 정보를 쓴 사람이 실수했을 수도 있잖아. '수컷'이라고 치려 했는데, 자신도 모르게 '암컷'이라고 자판을 친 거지. 그래, 그럴 수도 있어."

수염왕은 그 개가 있는 유기 동물 보호소의 주소를 적었어.

"같이 가요."

진욱이가 컴퓨터를 끄면서, 쿠당탕 요란하게 현관 밖으로 달려 나가는 수염왕에게 외쳤어.

"이 유기견은……. 조금만 일찍 오시지 그랬어요. 12시까지만 오셨어도……. 아휴, 정말 어쩌면 좋아."

다홍치마 마을 유기 동물 보호소 자원봉사자가 안타까워했어.

"왜? 그게 무슨 말이야, 빨리 내 세바스찬을 돌려 달라고, 얼른!"

수염왕이 소리를 질렀어. 자원봉사자의 표정을 보자, 너무 불안했어.

제일 안쪽 책상에 앉아 있던 직원이 수염왕에게 다가왔어.

"안타깝지만, 그 유기견은 동물보호법에 따라 안락사 처리되었습니다."

"뭐? 그게 뭐야? 안락사? 죽었다고, 내 세바스찬이?"

수염왕의 목소리가 점점 커졌어. 그러다 갑자기 다리에 힘이 빠졌어. 헉! 짧은 한숨을 쉬며 수염왕이 바닥에 주저앉았어.

자원봉사자와 직원은 마주 보며 어쩔 줄 몰라 했어.

"세바스찬, 세바스찬, 세바스찬!"

수염왕은 심장이 조이고, 입이 바짝 말라서 침도 삼킬 수 없었어.

"아저씨."

진욱이가 수염왕 옆에 쭈그리고 앉았어. 진욱이는 주먹으로 눈물을 훔쳤어.

"이 물을 좀 마시고, 마음을 가라앉히세요."

자원봉사자가 수염왕에게 물을 건넸어. 수염왕은 연거푸 두 잔을 마셨어. 그래도 여전히 목이 탔어. 진욱이가 수염왕을 부축해서 겨우 일어났어.

두 사람은 2층에 있는 사무실을 나와 천천히 계단을 내려왔어.

그런데 어디선가 개들이 짖는 소리가 들렸어.

"어?"

수염왕은 소리가 들리는 쪽으로 고개가 휙 돌아갔어. 귀가 번쩍 뜨였어. 여러 마리의 개가 짖는 소리 중에, 분명히 익숙한 소리가 섞여 있어.

"세바스찬!"

수염왕이 개 짖는 소리가 들리는 곳으로 달려갔어. 진욱이도 뒤따랐어. '유기견 보호실'에 초록색 철창으로 칸을 나눈 우리들이 있고, 우리마다 개가 1마리씩 있었어.

개들이 수염왕을 발견하고, 더 크게 짖었어. 하지만 수염왕은 망설이지 않고, 하나의 소리만 쫓아서 오른쪽으로, 다시 왼쪽으로, 휙 몸을 돌려 개 우리들 속으로 들어갔어. 세바스찬이 문에 매달려 요란하게 짖고 있었어.

"세바스찬."

웬일인지 털이 밀려서 벌거숭이가 된 세바스찬이 수염왕과 눈이 마주치자 흥분해서 바닥에 뒹굴고 꼬리를 마구 흔들었어. 수염왕이 우리의 문을 열자, 세바스찬이 용수철처럼 수염왕의 품으로 뛰어올랐어. 수염왕이 엉덩방아를 찧었어. 세바스찬은 어쩔 줄

몰라 하며, 수염왕의 얼굴을 마구 핥았어.

"그래그래. 나도 네가 보고 싶었다."

시끄러운 소리를 듣고, 유기 동물 보호소 자원봉사자가 달려왔어.

"어머, 찾으시던 개가 이 아이인가요? 정말 잘 됐어요. 정말 잘 됐어."

자원봉사자가 눈물을 훔쳤어.

"세바스찬 털은 왜 밀었어? 귀는 또 왜 이러고?"

수염왕이 세바스찬의 귀를 가리켰어. 귀가 찢어져서 너덜거렸어.

"세바스찬을 발견한 분이, 세바스찬이 계속 몸을 긁기에 이가 있나 싶어서 털을 다 밀었대요. 귀는 발견했을 때 이미 찢어져 있었고요."

"그래, 금귀걸이를 빼앗겼을 때, 귀가 찢어졌을 거야. 다 내 잘못이야."

"안락사된 개가 세바스찬이 아니라서 다행이지만, 그 개가 불쌍하구먼."

수염왕이 말했어.

어른이 어린이에게 뭔가를 배울 때가 있어. 바로 지금 같은 순간이지.

 "반려동물을 화려하게 꾸미는 건, 다른 사람에게 멋지게 보이려는 주인의 욕심 때문이에요. 반려동물은 사람이 아니에요. 동물은 자기 본성에 맞게 살아야 행복하다고요."

진욱이의 말이 좀 길어서, 수염왕은 살짝 듣기 싫었지만, 그래도 진욱이 덕분에 세바스찬을 찾게 되었으니 이번엔 참기로 했어. 그러면서도 세바스찬에게 신겼던 신발을 휙 벗겨서 쓰레기통에 던져 버렸어. 그러는 동안에도, 세바스찬은 수염왕만 쳐다보며 쉬지 않고 꼬리를 흔들었어.

 **수염왕이 유기 동물 보호소에서 세바스찬을 찾아서 참 다행이에요. 유기 동물 보호소는 어떤 곳인가요?**

반려동물을 잃어버렸다면 어떻게 해야 할까? 먼저, 집 주변을 찾아야지. 반려동물을 잃어버린 뒤, 20분 정도가 가장 중요하다고 해. 그때까지는 반려동물이 집 근처에 머물 확률이 높거든.

그다음에는 잃어버렸다고 신고한다, 어디에? 동물보호 관리 시스템 홈페이지, 동물보호시설, 시·군·구청, 동물 병원 등에 신고해. 불행 중 다행으로 내 유기 동물(잃어버린 반려동물)이 이름표나 인식표를 걸고 있으면, 유기 동물을 발견한 사람이 곧장 내게 연락할 수 있어.

하지만 그렇지 않을 수도 있으니까. 그 뒤에는 동물보호 관리 시스템에 접속해서, 내 유기 동물을 찾아보고, 전단이나 플래카드 등을 만들어서 사람들 눈에 잘 띄는 곳에 붙여야지.

그럼 유기 동물을 발견한 사람은 어떻게 해야 할까? 유기 동물을 발견한 사람 역시, 근처 유기 동물 보호소, 동물보호 관리 시스템, 시·군·구청, 치안센터나 동물 병원 등에 발견한 유기 동물을 신고해야 해.

동물 보호소에서 가족을 기다리는 개들

　실제로는 유기 동물을 발견한 사람이 근처 동물 병원이나 애견 가게에 유기 동물을 맡기는 경우가 많은데, 이렇게 맡겨진 동물도 구청, 유기 동물 보호소, 동물보호 관리 시스템 등에 등록되지. 어쨌건 유기 동물을 발견만 하고 그냥 가 버리면 아무 소용이 없어. 꼭 유기 동물을 보호해 줄 기관에 신고하거나 데려다줘야 해.
　이제 친구의 질문에 대답할게. 유기 동물 보호소는 여러 장소에서 발견된 유기 동물을 보호하는 곳이야. 정부, 지자체 등에서 운영하는 곳도 있고 시민단체, 개인이 운영하는 곳도 있어.

7장에서 유기된 반려동물은 위험에 처한다고 했지? 유기 동물 보호소에 맡겨진 유기 동물도 다 안전한 것은 아니야. 유기 동물의 주인이 찾아오면 가장 행복한 결말이야. 다른 가정으로 다시 분양되는 것도 행복한 결말이지. 길고양이는 상처를 치유해 주고 중성화 수술을 한 뒤, 다시 길거리로 되돌려 보내기도 해. 문제는, 일정 기간 찾는 사람이 없어서 유기 동물 보호소에 남겨진 경우야.

동물보호 관리 시스템, 유기 동물 보호소 홈페이지에 유기 동물에 대한 정보가 알려진 뒤, 열흘이 지나도록 그 유기 동물을 찾는 사람이 없으면, 그 동물은 안락사를 시켜. 유기 동물을 보호하는 비용 때문에 안락사를 시키는 거야. 2018년 기준으로 10일이지만, 기간을 더 늘려야 한다는 의견이 높아. 다행히 더 오랫동안 유기 동물을 보호하거나, 죽을 때까지 유기 동물을 보호하는 보호소도 있기는 해.

위에서 2017년 동안 유기된 동물이 10만 2,593마리라고 했지? 그중에 약 30퍼센트는 다른 가정에 분양되었고, 주인이 찾아간 경우는 15퍼센트 정도야. 약 27퍼센트는 유기 동물 보호소에 있는 동안 죽었고, 20퍼센트 정도는 안락사를 당했어. 나머지 유기 동물은 유기 동물 보호소에서 보호 중이지.

반려동물 특히, 반려견과 함께 살아 본 사람은 알 거야. 반려견은 혼자 남으면 불안해서 안절부절못해. 우리는 등교하거나, 출근해서 집을 비우지만, 반려견은 그 사실을 알 수 없어. 가족에게 버림받았다고 생각해서 불안해지고 심하면 우울증을 앓기도 해. 버려진 반려견도 마찬가지야. 주인을 계속 기다리지. 유기 동물을 안락사시키는 수의사의 고통도 커. 동물을 사랑해서 수의사가 되었는데, 동물을 죽이는 일을 하니 죄책감에 시달리지.

동물보호 관리 시스템뿐 아니라, 동물 자유 연대, 동물보호 센터, 한국 반려동물 관리 협회도 알고 있자. 유기 동물을 발견했을 때, 유기 동물을 입양하고 싶을 때 도움받을 곳이야.

참, 유기 동물 보호소 중에는 오히려 유기 동물을 학대하는 곳, 맡겨진 유기견을 개 농장에 판 곳도 있었어. 그러니 유기 동물을 신고할 때는 미리 그 유기 동물 보호소가 동물을 잘 보호하는 곳인지도 알아봐야 해.

 **유기 동물이 너무 불쌍해요. 하지만 반려인에게 억지로 반려동물과 함께 살라고 할 수도 없잖아요.**

키우기 힘들어서 버리는 동물이라면, '반려동물'이 아닐 거야. 동물을 버리는 사람은, 동물을 장난감처럼 데리고 노는 애완동물이라 생각하는 거 아닐까? 함께 사는 가족이라면 버릴 수 있을까? 어떤 글에서, 반려견을 입양하고 싶지만, 혹시 반려견만 남겨두고 먼저 돌아가실까 봐 반려견을 입양하지 못한다는 할머니, 할아버지의 사연을 읽은 적 있어. 반려동물을 입양하는 건, 그만큼 신중하게 고민해야 해. 입양했다면 꼭 책임감을 느끼고 반려동물을 지켜 줘야 해.

2005년 허리케인 카트리나가 미국 뉴올리언스를 덮쳤어. 강과 바다로 둘러싸인 뉴올리언스는 물에 잠겼어. 구조대가 미처 대피하지 못한 사람들을 구조했지. 그런데 반려동물만 두고 구조될 수 없다며, 물이 차오르는 집에서 끝까지 반려동물과 버틴 가족들이 있어. 이미 사망한 주인의 곁을 지킨 반려견도 있었지. 카트리나가 오기 전에 출장을 가느라 집을 비운 사람은, 마을로 돌아가지 못하게 막는 사람들을 피해, 반려묘를 구하려고 몰래 집으로 돌아가기도 했어.

그러다 한 가족이 구조 버스에서 겪은 일을 보고, 미국인들이 분노했어. 부모와 어린 아들이 구조 버스에 탔는데, 구조 대원이 그 가족의 반려견은 버스에 타지 못하게 했지. '반려동물은 구조에서 제외'라는 지시 때문이었어. 반려견도 가족이라며 아이가 울부짖었지만 결국 반려견은 버스에 타지 못했지. 평소엔 개를 반려견이라며 가족처럼 대하라면서, 위기가 닥치자 개를 구하지 않는 것은 옳지 않다는 여론이 높았어. 그 뒤로는 반려동물도 구조하게 되었지.

친구들의 질문대로, 정말로 반려동물과 함께 살 수 없는 상황도 있을 거야. 가족이 털 알레르기가 있거나, 동물을 무서워할 수도 있어. 반려동물을 키울 수 없는 곳으로 이사할 수도 있고, 아기가 태어났는데, 아기와 반려동물이 함께 있는 것이 불안할 수도 있지. 실제로 반려견과 함께 산 부부가 아이를 낳았는데, 순하기만 했던 반려견이 아기를 문 사건이 있어. 반려동물의 병균에 감염된 사람도 있지.

반려동물과 함께 사는 게 힘들어서 포기하는 사람도 있어. 반려동물이 시끄럽고, 아무 곳에나 대소변을 보고, 물건을 물어뜯어. 이웃집에서 항의도 받으니, 너무 힘든 거야. 그래서 반려동물을 버리지. 반려동물이 문제 행동을 하는 건, 사람이 반려동물에 대해 무관심하거나 모르기 때문인데 말이야. 휴가 동안 반려동물을 버리는 사람도 늘어나고 있어. 반

려동물을 데리고 휴가를 가려니 번거롭고, 그렇다고 오랫동안 집에 혼자 둘 수도 없지. 애견호텔 같은 곳에 맡기려니 비용이 많이 들고.

토끼를 키우는 게 유행인 적이 있어. 작고 복슬복슬한 새끼 토끼는 참 귀엽지. 그런데 토끼가 다 자라면, 상상했던 것보다 더 커. 개나 고양이처럼 사람을 반기지도 않고, 키우기도 까다롭지. 그래서 산에 버려지는 토끼가 많았어.

어떤 사람은 호기심으로, 특이한 동물을 입양했는데, 키우는 방법을 몰라서 버리기도 해. 집 욕조에 악어를 키우는 사람이 있던데, 아직 악어와 잘 지내는지 모르겠다.

나는 어렸을 적에 남한산성에 놀러 갔다가 가족을 잃은 적이 있어. 파출소로 부모님이 찾으러 올 때까지, 경찰 아저씨를 부여잡고 눈물, 콧물을 쏟으며 통곡했어. 정말 놀라고 무서웠거든. 버려진 반려동물은 더 큰 충격을 받을 거야. 동물도 우리처럼 생명이 있고, 두려움을 느끼니까.

물론 반려동물을 사람과 똑같이 대하는 것은 무리일 거야. 하지만 반려동물을 버리는 이유가 '반려동물의 죽음'보다 더 중요할까?

수염왕의 동물권리 노트

**반려동물 입양은 신중하게, 입양 뒤에는 책임감이 있어야 한다.
버려진 반려동물은 죽게 된다.**
(반려동물을 왜 버려! 그리고 반려동물을 사지 말고, 유기 동물을 입양하라고, 나처럼!)

9 멸종 위기 동물을 보호하는 게 죄냐?

"일 잘하는 직원 100명보다 반려동물을 잘 아는 꼬마 1명이 낫네. 오늘, 고마웠다."

동네 갈림길에서 수염왕이 진욱이에게 말했어.

"보답으로 꼬불꼬불면 10상자를 주겠다. 내 아버지, 검은수염왕이 늘 말씀하셨지. '누군가 네게 은혜를 베풀면, 되도록 갚아라. 하지만 누군가 네게 피해를 주면, 반드시 10배로 갚아라.'라고 말이야."

"에이, 그게 뭐예요? 은혜는 갚고, 내게 피해줄 것 같은 사람은 피해야죠. 안녕히 가세요. 세바스찬, 잘 가라."

진욱이가 수염왕과 세바스찬에게 손을 흔들었어.

수염왕은 세바스찬과 집으로 향했어. 오랜만에 세바스찬과 함께 걸으니 정말 신이 났지.

그런데 집 앞에 경찰차와 엄청 큰 화물차들이 서 있는 거야. 꼬불방송국 차량, 취재기자들과 어깨에 카메라를 멘 사람들도 보였어.

"멸종 위기 동식물을 보호하라!"

"지금도 수많은 동식물이 멸종되고 있다!"

동물 보호 단체 회원들이 담 앞에 서서 구호를 외쳤어. '사람이 대멸종의 범인이다.'라고 적힌 플래카드도 흔들었어.

그 옆에선 '꼬불 인권 연대' 회원들이 구호를 외쳤어.

"사람이 지구의 주인이다."

"야생동물이 사람에게 전염병을 옮긴다."

두 단체 회원들은 서로 노려보며, 목청껏 구호를 외쳤어.

꼬불방송국 기자는 카메라 앞에서 수염왕의 집을 가리켰어.

"저는 지금, 다홍치마 마을의 한 주택 앞에 나와 있습니다. 오늘 오전, 방송국에 '천연기념물과 멸종 위기 야생동물들이 감금되어 있다.'라는 제보가 있었습니다. 저희는 환경부 담당자, 경찰과 함께 문제의 장소에 도착했으며, 제보 내용이 사실임을 확인했습니다. 집주인은 집에 없지만, 대문이 열려 있었던 것입니다. 환경부 담당자는 동물들의 안전을 위해서, 먼저 동물을 구

출……."

"뭔 일이래?"

수염왕이 세바스찬의 목줄을 단단히 잡고, 모인 사람을 헤치고 고개를 쑥 빼서 살폈어. 수염왕의 야생동물들이 화물차에 실리고 있었어.

"어? 저건 내 난쟁이하마잖아! 난쟁이하마는 엄청 희귀하다고!"

수염왕이 버럭 소리를 질렀어.

그 소리를 듣고, 사람들이 수염왕을 돌아봤어. 그리고 수염왕 주위로 몰려들었어. 옆집 아주머니가 사람들을 헤치고 다가왔어. 그러고는 주위를 둘러보며 소리쳤어.

"이 사람이 맞아요. 흉측하고 기괴한 팔자수염을 기른 이 남자가 이 집 주인이에요."

그 말에 기자들이 수염왕에게 달려왔어. 수염왕 얼굴에 마이크를 대며 질문을 퍼부었어. 사방에서 카메라 불빛이 번쩍였지. 꼬불방송국 기자는 재빨리 수염왕을 가리킨 뒤 카메라를 향해 돌아섰어.

"지금, 불법으로 천연기념물과 멸종 위기 야생동물을 감금한

집주인이 나타났습니다."

사람들이 몰려들자, 수염왕이 뒷걸음질 쳤어. 세바스찬은 수염왕 앞으로 나서며, 이빨을 드러내고 으르렁거렸어.

수염왕은 도망을 칠까, 기절한 척할까, 고민했어. 하지만 결정하기도 전에, 경찰들이 좌우에서 수염왕의 팔을 꽉 잡았어.

"혹시 이 집 주인이십니까?"

"응? 그, 글쎄, 아마 아닐걸?"

얼떨결에 수염왕이 거짓말을 했어.

수염왕은 '왜, 당당하게 내 집이라고 말하지 못한 거지?'라고 자신을 꾸짖었지만 경찰이 다음 질문을 하자, 또 거짓말을 했지.

"저 동물들을 모르십니까?"

"물론 모르지. 난 동물원에도 가본 적 없는걸."

수염왕이 고개를 저었어.

"왜, 왜 그러는데? 저 동물들이 무슨 나쁜 짓이라도 했나? 혹시 누구를 물기라도 한 거야?"

수염왕은 얼굴 가득, 어색한 미소를 지었어. 수염왕의 모습이 신기한지, 세바스찬이 수염왕을 보며 고개를 갸우뚱거렸어.

"저 동물들이 아니라, 저 동물들을 사고판 사람이 법을 어긴 겁

니다. 개인이 멸종 위기 동물들을 사고파는 것은 불법입니다. 꼬불꼬불나라는 '멸종 위기에 처한 야생동·식물종의 국제거래에 관한 협약(CITES)'을 지키고 있습니다. 게다가 수마트라 오랑우탄은 '적색 목록'에서 '심각한 멸종 위기종'으로 분류된 동물입니다."

환경부 담당자가 수염왕에게 설명했어.

'아, 그래서 김 팀장이, 아무에게도 멸종 위기 동물을 산 사실을 말하지 말라고 한 거군.'

수염왕은 얼굴이 점점 하얗게 질렸어.

"가시죠. 동물보호법 위반으로 선생님을 체포하겠습니다."

"아직 안 돼! 적색 목록이 뭔지 가르쳐주기 전에는 한 발짝도 움직이지 않을 거야."

수염왕이 털썩 주저앉았어. 수염왕은 조금이라도 더 경찰서에 갈 시간을 늦추고 싶었어. 11일 만에 세바스찬을 찾았는데, 이렇게 금방 헤어져야 하다니……. 세바스찬도 수염왕 앞에 배를 깔고 누웠어.

"적색 목록은 국제 자연 보전 연맹(IUCN)이 동식물의 보전 상태를 나눈 목록입니다. 지구에서 완전히 사라진 절멸한 동식물, 멸

종 위험이 없는 동물 등으로 나누죠. '레드 리스트'라고도 불립니다."

환경부 담당자가 다시 설명했어.

"아저씨는 뉴스도 안 봅니까? 조명을 켜고 수리부엉이를 촬영한 사진작가들이 처벌을 받았습니다. 조명을 켜서 멸종 위기 동물인 수리부엉이를 괴롭게 했다고요."

"아저씨 같은 사람 때문에 동식물이 멸종하고 있다고요."

동물 보호 단체 회원들이 수염왕을 보며 혀를 찼어.

그러자 '꼬불 인권 연대' 회원들이 동물 보호 단체 회원들을 밀치며, 수염왕을 응원했어.

"모든 생물은 멸종해요. 그런데 왜 사람 탓을 합니까."

"사람이 지구의 주인이에요. 하찮은 동물 때문에 사람이 벌을 받다니, 말도 안 됩니다."

그러자 이번엔 동물 보호 단체 회원들이 꼬불 인권 연대 회원들을 밀치며 외쳤어.

"동물도 행복하게 살 권리가 있어요."

"내 사돈의 팔촌이 메르스에 걸려서 죽을 뻔했어요. 메르스가 어떤 병인지 알아요? 동물이 사람에게 옮긴 병이라고요."

"사람이 메르스에 걸린 게 왜 동물 책임이에요?"

"그럼, 메르스에 걸린 게, 내 사돈의 팔촌 탓이라는 거요?"

두 단체의 회원들이 말싸움을 계속했어. 분위기는 점점 험악해졌지.

"이봐요. 여보세요. 좀 조용히 합시다. 이 자리의 주인공은 나요!"

수염왕이 소리쳤어.

"선생님이 경찰서로 떠나셔야 저분들도 돌아갈 겁니다. 그만 같이 가시죠."

경찰이 수염왕을 재촉했어.

수염왕은 아무 말도 못 하고, 세바스찬의 머리를 쓰다듬었어. 세바스찬이 수염왕의 눈을 빤히 쳐다보며 꼬리를 흔들었어.

"할아버지가 돌아올 때까지 제가 세바스찬을 돌볼게요. 잘 돌볼 테니 걱정하지 마세요."

옆집 아주머니가 나섰어.

"진짜……? 고, 고맙소. 이 은혜, 절대 안 잊겠소."

"물론 세바스찬이랑 우리 샤밍이 사귀는 건 절대 반대예요."

수염왕의 감사 인사에 민망했는지, 옆집 아주머니가 진주 목걸

이를 만지작거렸어.

수염왕이 고개를 끄덕였어. 그리고 자리에서 일어났어. 세바스찬도 수염왕을 따라 일어났어.

"세바스찬, 금방 오마. 저 착하지만 주책인 아줌마랑 잘 지내고 있어라."

수염왕이 세바스찬을 꼭 안았어.

"갑시다. 사실 나도, 동물들을 돌려보낼 생각이었어. 멸종 위기 동물이라서가 아니야. 세바스찬을 잃어 보니, 저 동물들의 가족에게 미안해졌거든."

수염왕이 경찰에게 말했어.

수염왕이 탄 경찰차가 출발하자, 모여 있던 사람들도 하나둘 흩어졌어. 세바스찬은 경찰차가 달려가는 모습을 하염없이 지켜봤어. 옆집 아주머니가 세바스찬의 목줄을 살짝 당겼어. 세바스찬이 꼬리를 축 늘어뜨린 채 아주머니를 따라갔어.

"그런데 정말 궁금하네. 누가 방송국에 제보한 걸까?"

옆집 아주머니가 집에 들어가려다 말고, 수염왕의 집을 되돌아봤어. 하지만 곧 어깨를 으쓱하며 대문을 닫았어.

 **메르스에 걸린 사람이 또 있다고 해요. 메르스는 동물에 있던 병이라는데, 어떻게 사람이 메르스에 감염되죠?**

아프리카나 열대림 지역에, 숲과 초원을 없애고 목장과 밭을 만들려는 사람이 있어. 가축을 키우고 농사를 지어서 먹고 살려는 거야. 그럼 그 숲과 초원에 살던 동물들은 살 집(서식지)이 없어져. 사람의 목장, 밭과 동물의 서식지 중에 어느 것을 선택할까? 아, 둘 중 하나를 선택하기 전에 서식지를 잃은 동물이 사람에게 어떤 영향을 미치는지를 먼저 알아보자.

서식지를 잃은 동물은 먹이를 찾아 사람이 사는 마을로 내려와. 아프리카에선 코끼리가 마을을 덮치고, 캐나다에선 북극곰이 먹이를 찾아 마을로 내려와 쓰레기통을 뒤지지. 북극곰은 빙하 위에서 물범 등을 사냥하는데, 온난화 때문에 기온이 올라가서 빙하가 줄어드니 사냥하기 힘들거든. 박쥐와 철새도 동굴과 수풀, 습지가 사라지니 사람이 사는 곳으로 오지.

한국에선 멧돼지, 고라니가 마을로 내려와 농작물에 손해를 끼치지. 사람들이 밤, 도토리 등을 주워가서 동물들의 먹이가 더 부족하기도 해.

농장을 습격한 멧돼지 떼

멧돼지를 잡아먹던 늑대, 호랑이 등의 육식동물이 사라져서 멧돼지가 너무 많아진 것도 원인이야.

이제 동물의 전염병에 대해 알아보자. 메르스뿐 아니라 사스, 에볼라, 에이즈, 조류 인플루엔자 등은 사람에겐 없던 새로운 병이야. 그런데 어쩌다 사람이 이런 병에 걸리는 걸까?

메르스는 박쥐에게 있던 전염병이야. 사람이 박쥐가 사는 곳을 개발해서 박쥐들은 갈 곳이 없어졌어. 먹이를 구하기도 어려워졌지. 그래서 목장 근처로 내려왔어. 박쥐가 목장의 가축들에게 메르스를 옮겼고, 다시 가축이 사람에게 전염시킨 거야. 사스는 사향고양이에게서 시작되었다고 해.

조류 인플루엔자는 철새가 옮기는 병이야. 철새도 숲과 호수, 갯벌 등이 개발되자 설 곳이 줄었어. 그래서 닭, 오리 농장 근처에 머물게 되었지. 그리고 닭과 오리가 감염된 거야.

조류 인플루엔자에 걸린 철새는 죽지 않았는데, 감염된 닭과 오리는 죽었다고 해. 열악한 환경에서 살기 때문에, 항생제를 많이 맞아도 면역력이 떨어졌기 때문이야. 또 수천, 수만 마리가 좁은 곳에 모여 사니, 1마리만 감염이 되어도 농장 전체가 위험해. 그래서 농장의 모든 닭, 오리 등이 살처분(전염을 막기 위해 병에 걸린 가축을 죽이는 것)되지.

이처럼 사람이 동물의 전염병에 걸리는 원인은, 결국 야생동물의 서식지를 빼앗은 사람 때문이야.

거의 매년 발생하는 구제역도 사람이 원인이야. 구제역은 오랫동안 화학비료를 사용한 땅에서 사는 소, 돼지 등의 발굽이 가라진 동물이 걸리는 전염병이야. 구제역은 사람에게 전염되지는 않더라도, 구제역에 걸린 동물이 있는 농장의 모든 가축을 살처분해. 2011~2017년 동안 약 7,000만 마리의 가축이 살처분되었어. 쓰레기처럼 땅에 묻힌 가축의 고통은 말한 것도 없고, 하루아침에 모든 가축을 잃은 농장 주인은 다

2007년 골드먼환경상(아프리카)을 받은 해머스크조엘드 심윙가.
골드먼환경상은 환경 분야에서 뛰어난 업적을 세운 환경운동가에게 주는 세계적인 상.
세계 6대주(북미·중남미·유럽·아시아·아프리카와 섬나라)에서 매년 각 1명씩 선정.

시 처음부터 농장을 시작해야 해. 가축을 묻은 담당자들은 죄책감에 고통을 받아. 가축이 묻힌 땅과 지하수는 오염되지.

    땅을 누가 차지하느냐의 문제뿐 아니라, 사냥도 사람과 동물의 처지가 달라.

아프리카, 열대림 지역은, 야생동식물이 많이 사는 땅이니, 농사짓기에 좋은 땅일 것 같지? 하지만 비가 너무 많이 와서 땅의 영양분이 다 쓸려나가. 또 어떤 곳은 비가 아주 적게 오지. 그래서 농사짓기가 힘든 곳이야. 그래서 그곳 주민은 사냥해서 고기를 먹거나 사로잡아서 팔아. 멸종 위기 동물은 더 비싸게 팔리니, 불법이라도 사냥을 하지. 우리는 사냥하는 사람을 응원할까, 아니면 사냥당하는 동물을 안타까워할까?

이 문제를 현명하게 해결한 사람이 있어. 코끼리 천국에서 코끼리 최대 밀렵 국으로 바뀐 잠비아에 사는 '해머스크조엘드 심윙가'라는 농학자야. 그는 마을 사람들이 농사를 짓고, 가게를 시작하고, 연못에서 물고기를 키우도록 도왔어. 사냥 말고는 돈을 버는 방법을 몰랐던 사람들은, 비록 거친 땅을 농토로 바꾸고 옥수수, 콩 농사를 짓는 일이 힘들어도 행복하다고 해. 밀렵으로 감옥에 가지 않아도 되고, 동물을 죽이지 않아도 되니까.

잠비아에서 새로운 삶을 시작한 사람들은 사람의 이익과 동물의 권리를 다 지켰어. 사람이 동물의 전염병에 걸리는 원인을 생각해 봐. 동물을 보호하고, 동물의 서식지를 보호하는 것은 동물뿐 아니라 사람을 보호하는 일이야.

 전 세계에서 멸종 위기에 처한 동물과 식물을 보호하잖아요.
정말 동물이나 식물이 멸종할까요?

멸종이란 한 종류의 생물이 완전히 사라지는 것을 말해. 6,500만 년 전, 거대한 공룡이 지구에서 사라진 것이 멸종이지. '꼬불 인권 연대' 회원들이 주장한 대로, 멸종은 자연스러운 일이야. 새로운 종류의 동식물이 생기고, 환경에 맞춰 오랜 시간 진화하고, 결국엔 멸종하는 것이지.

지구가 생긴 뒤, 5번의 대멸종이 있었어. '대(大)' 멸종이라 할 만큼, 많은 종류의 동식물이 짧은 시간 동안 멸종한 거지. 공룡이 멸종한 시기는 다섯 번째 대멸종 때였어.

지금도 멸종은 계속되고 있어. 문제는 멸종이 자연스럽게 진행되는 것이 아니라, 사람에 의해 급격하게 일어나고 있다는 거야. 사람이 6번째 대멸종을 일으키고 있다는 주장도 있지.

사람이 멸종하게 한 대표적인 동물이 도도야. 도도는 모리셔스 섬에 살았어. 『이상한 나라의 앨리스』 표지에 그려진 새가 도도지.

도도뿐 아니라 캥거루처럼 배에 주머니가 있고, 호랑이 무늬가 있던 태즈메이니아 주머니 늑대가 오스트레일리아의 태즈메이니아섬에서

두 마리밖에 남지 않은 북부 흰코뿔소

멸종했어. 섬은 바다에 싸여 고립된 곳이라 멸종에 더 약하긴 해.

하지만 지금 전 세계에서 사람에 의한 멸종이 진행되고 있어. 늑대가 개의 조상이듯, 오록스는 가축 소의 조상이야. 오록스는 어깨높이가 1.8미터나 되는 검은 소야. 1627년 폴란드에서 마지막 오록스가 죽었어.

황제펭귄은 가장 큰 펭귄이야. 남극에서만 사는 아주 강한 동물이지. 하지만 지난 25년 동안, 황제펭귄의 수가 절반으로 줄었어. 지구온난화

멸종위기 동물인 레서판다

때문이야.

그동안 나는 '북부 흰코뿔소'를 멸종 위험이 가장 큰 동물로 알고 있었어. 전 세계에 단 3마리만 있으니까. 암컷 2마리는 동물원에 있고, 수컷 2마리는 야생에서 사람들의 보호를 받았지. 하지만 2018년 3월, 북부 흰코뿔소는 기능적으로 멸종되었어. 수컷 '수단'이가 죽은 거야. 이제 암컷만 남았으니, 더는 새끼를 낳을 수 없어. 완전한 멸종, 절멸된 거야.

코뿔소는 아프리카 전 지역에서 살았어. 코뿔소의 뿔을 노린 밀렵꾼과 서식지가 줄어들면서 점점 수가 줄었지. 코뿔소의 뿔은 한약재로 비싸게 팔리거든.

애니메이션 『쿵푸팬더』에서 무술 스승으로 나오는 '시푸'는 레서판다라는 동물이야. 작고 귀여운 모습 덕분에 인기가 많지. 우파루파는 광고에도 나오고, 인형으로 만들어질 만큼 귀엽게 생겼어. 레서판다와 우파루파는 귀엽게 생긴 모습 때문에 사람들이 가지고 싶어 해. 이 동물들을 원하는 사람이 많으니 밀렵꾼들이 나섰지. 금세 이 동물들은 멸종 위기에 처했어.

1980년 파나마 숲에서 나무 19그루를 조사했어. 19그루의 나무에서 딱정벌레 종류만도 1,200여 종이나 발견됐어. 더 놀라운 건, 그중에 80퍼센트 정도는 그동안 알려지지 않은 딱정벌레였다는 거야. 우리가 알지 못하는 동식물이 얼마나 많을지 상상도 안 된다.

포유류는 멸종되어가는 것을 우리가 알 수라도 있어. 하지만 우리가 미처 알지도 못하는 동물과 식물은, 멸종되었는지, 되고 있는지도 몰라.

내가 초등 3학년 때 담임선생님이 그러셨어. 꽃을 예쁘다고 꺾는 사람이 있는데, 꽃은 꺾이는 순간 죽는 거라고. 나는 충격을 받았어. 나는 약수터에서, 뒷산에서, 학교 정원에서 예쁜 꽃을 보면 꺾었거든. 유리잔에 담아 책상 위에 올려두면 예쁘니까. 난 꽃을 예쁘다고만 생각했지, 꽃의 처지는 전혀 생각해 보지 않았어.

아무리 생각해도, 사람은 참 대단해. 사람은 고래를 잡고, 호랑이를 멸종시켜. 산을 밀어 없애고, 바다를 메워. 해저와 우주도 탐사하지. 그래서 사람은 동물, 식물에 책임감을 느껴야 해. 동식물은 자신을 지키지 못하지만, 사람은 그들을 지킬 힘이 있으니까.

수염왕의 동물권리 노트

사람 때문에 멸종되는 동식물이 많다.
사람이 동물의 전염병에 걸린 원인은, 사람이 동물의 서식지를 파괴했기 때문이다.
동식물을 보호하는 건, 결국 사람을 보호하는 일이다.
(호랑이가, 고릴라가, 북극곰이 사라진 지구라……. 그런 지구는 정말 이상할 거야!)